政治哲学名著译丛

The Statesmanship of Wordsworth

论华兹华斯的
政治家气质

〔英〕戴雪 著

戴鹏飞 译

A. V. Dicey
THE STATESMANSHIP OF WORDSWORTH
Copyright © 1917 by Oxford University Press
本书根据英国牛津大学出版社 1917 年版译出

《政治哲学名著译丛》编委会

主　编　吴　彦
编委会成员（以姓氏笔画为序）
王　涛　田飞龙　孙国东　李燕涛　邱立波
吴冠军　张　龑　杨天江　周保松　周国兴
泮伟江　章永乐　黄　涛　葛四友　姚　远

政治哲学名著译丛
总　　序

　　政治一直以来都与人自身的存在息息相关。在古典时代,无论是西方还是中国,在人们对于人类生活的原初体验中,政治都占据着核心位置。政治生活被看成是一种最高的生活或是作为一个真正的人最该去追求的生活。政治与个人的正当生活(古希腊)或人自身的修养(中国)是贯通的。在政治生活中,人们逐渐明白在由诸多人构成的共同生活中如何正确地对待自身和对待他人。

　　在过往这十多年内,国人一直在谈论"政治成熟"。这在某种意义上根源于对过去几十年内人们抱持的基本政治理想的省思。但是,一个民族的政治成熟在根本意义上不在于它在力量上的强大甚或对现实处境的敏锐意识,而在于它可以给整个世界提供一种好的生活方式。只有在人们不仅认识到残酷的人类现实,而且认识到我们可以根据一种正当的、好的方式来处理这种现实的时候,我们才开始在"政治上"变得"成熟"。

　　这一克服和摆脱野蛮状态的过程在某种意义上就是一个"启蒙"的过程。在此过程中,人们开始逐渐运用他自身的理智去辨识什么是一个人或一个国家该去追求的生活。在此意义上,一种政治启蒙的态度就尤为重要,无论是古典路向的政治哲学,还是以自由民主制国家为典范的现代政治思想都必须首先予以检讨。这在某种意义上也正是此套丛书的基本旨趣之所在。希望通过译介一些基本的政治和法律著作而使国人能够在一个更为开阔和更为基本的视域内思考我们自身的生存和发展环境。

吴　彦
2014 年寒冬

中译者序

华兹华斯的"政治思想"
——浅谈《论华兹华斯的政治家气质》

1770年4月7日,威廉·华兹华斯(William Wordsworth,1770—1850)出生在英格兰西北部湖区科克茅斯镇(Cockermouth)的一个律师家庭。8岁母亲去世后,华兹华斯被送进霍克斯海德(Hawkshead)寄宿学校就读——这是一所当时十分有名的古典语文学校,他在那里待了9年。在此期间,霍克斯海德的校长伯曼(Thomas Bowman)帮助华兹华斯打开了文学与诗歌世界的大门。他提供了大量的游记、历史、传记等文学作品供华兹华斯阅读,因此华兹华斯最早接触到了诸如蒲柏、斯威夫特、德莱顿、寇柏、彭斯等人的诗歌。1787年,华兹华斯进入剑桥大学。不过,华兹华斯的大学生涯不算成功,他也并不十分热爱大学生活。他将剑桥大学视为死气沉沉、索然无味、慵懒无聊的处所,认为它是培养古板的学究和律师的场所。因此,他便同友人谋划到欧陆旅行,并很快付诸行动。1790年夏天,他们便在加来登岸,华兹华斯开启了他的第一次法兰西之旅。当时正值法国大革命一周年,华兹华斯发现整个法国都沉浸在疯狂的喜悦中。回到伦敦后,他聆听了柏克、潘恩、普莱斯特里等人针对法国大革命发表的演说。为了学习法语,同时更为了弄清楚法国大革命,1791年他又一次到法国旅行。1798年,他与柯勒律治(Samuel Taylor Coleridge)共同出版了诗集《抒情歌谣集》(*Lyrical Ballads*)。1807年,华兹华斯出版两卷本的《诗集》(*Poems, in Two Volumes*)。这部诗集的出版标志着诗人华兹华斯创作才华黄金十年的结束。此后,华兹华斯思想活力日趋衰弱,想象力也大不如前,少有精彩的诗作问世。后来迫于生存压力,华兹华斯被迫接受了印花税征税官的工作(Distributor of Stamps),并且由于其当时较为保守的思想,而与拜伦、雪莱等诗人不和。[①]

华兹华斯是19世纪英国消极浪漫主义代表作家之一。与柯勒律治和骚塞(Robert Southey)组成了一个文学小圈子,被称为"湖畔诗人"(Lake Poets)。华兹华斯的诗作主要的描写对象是大自然以及普通人的生活。雪莱赞誉华兹华斯是"讴歌自然的诗人"——"云雀""夜莺""微风""樱草"这些大自然中最寻常的事物,在他笔下总能变得楚楚动人;他总是能以饱含感情的诗句赞颂大自然的美,歌颂大自然包含着的无穷无尽的智慧及其对人类淳朴心灵的影响。"他写的这方面的诗,既是他作品中最有造诣的部分,在英国的同类诗歌中也是获得最高成就的":

---

① 参见 Juliet Barker, *Wordsworth: A Life*, HarperCollins Publishers, Inc, 2005; Emma Mason, *The Cambridge Companion of Wordsworth*, Cambridge University Press, 2010。

啃书本——无穷无尽的忧烦；
听红雀唱得多美！
到林间来听吧，我敢断言：
这歌声饱含智慧。

……

春天树林的律动，胜过
一切圣贤的教导，
它能指引你识别善恶，
点拨你做人之道。

自然挥洒出绝妙的篇章；
理智却横加干扰，
它毁损万物的完美形象——
剖析无异于屠刀。

合上你索然无味的书本，
再休提艺术、科学；
来吧，带着你一颗赤心，
让它观照和领略。①

---

① 《转折》，《华兹华斯诗歌精选》，杨德豫译，北岳文艺出版社 2010 年第 2 版，第 219—220 页。

华兹华斯诗歌所吟咏的第二类对象是普通的民众。对于达官显贵,华兹华斯的诗歌并没有太多的善意;相反,平凡的民众、淳朴而柔弱的女子常常成为其诗笔刻画的主角,例如:

> 你瞧,那孤独的高地少女!
> 那片田野里,就只她一个,
> 她割啊,唱啊;——停下来听吧,
> 要不就轻轻走过!
> 她独自割着,割下又捆好,
> 唱的是一支幽怨的曲调;
> 你听!这一片清越的音波
> 已经把深深的山谷淹没。①

除了那些描写大自然与质朴的普通民众的脍炙人口的诗歌之外,华兹华斯的诗歌与其他作品中还有很大一部分内容涉及政治思想。华兹华斯涉及政治思想的作品主要有三个部分:一部分是由 70 余首十四行诗组成的诗组"献给民族独立与自由的诗";另一部分是自传体叙事长诗《序曲》(The Prelude)中关于法国大革命的三章;最后一部分是散文体的政治性论著,包括《致兰达夫主教的一封信》(A Letter to the Bishop of Llandaff)、《论辛特拉协定》(Tract on the Convention of Cintra,以下提及简称 Tract)、

---

① 《孤独的割麦女》,《华兹华斯诗歌精选》,杨德豫译,北岳文艺出版社 2010 年第 2 版,第 166 页。

《致威斯特摩兰自耕农的两次演说》(*Two Addresses to the Freeholders of Westmorland*)。

国家、民族、自由、专制、压迫等严肃的主题成为了这些作品所反映的主要内容。并且，由于所涉及的主题异常沉重，华兹华斯这一部分重要的作品往往被人忽视，没有得到广泛的传诵与流传。因此，华兹华斯诗歌中所反映的政治思想或华兹华斯通过诗歌折射出的政治家气质（statesmanship）很少受到人们的关注。"对……大部分人来说，华兹华斯是以诗人的身份而著称……同时，对于他们来说，华兹华斯还是一位道德家。"[1]因此，从未出席过议会，甚至从未试图获得议会中一个议席的这么一位诗人会同云谲波诡的政治有什么关系呢？他又通过自己的诗歌对英格兰或不列颠的公共生活产生了何种影响呢？

对华兹华斯的政治观念略有了解的人们通常会认为华兹华斯是一位政治上的变节者。早年虽然并未变成雅各宾党人，却和当时大部分辉格党人一样是大革命热情的支持者；而到了晚年，他却变成一个思想保守的人，支持托利党，反对罗马天主教的解放，反对《改革法案》。拜伦与雪莱对华兹华斯的这种转变不甚理解。他们认为，华兹华斯思想的转变是由于他晚年为了生计不得不接受印花税征收官这份工作，从而导致自己放弃了早年激进的政治信仰。[2]

---

[1] A. V. Dicey, *The Statesmanship of Wordsworth*, Oxford University Press, 1917, p.1.

[2] Emma Mason, *The Cambridge Companion of Wordsworth*, Cambridge University Press, 2010, p.16.

1896年，法国学者勒古伊（Émile Legouis）出版了一本著作《青年华兹华斯》（La Jeunesse de Wordsworth）。这本书详尽地探讨了青年华兹华斯是如何受到法国大革命的影响，以及华兹华斯巅峰时期创作的那些作品在多大程度上有赖于催生出大革命的强烈的自由信念。勒古伊认为，当华兹华斯看到法国侵略他国、变成一个帝国之后产生的幻灭感使他逐渐从激进的自由主义者转变成了保守主义者，从"准-无神论"逐渐皈依基督教。因此，勒古伊的著作中存在两个华兹华斯，一个是早年充满激情的诗人与先知，另一个是老年时期一副僵死的驱壳。① 这是在学术上对华兹华斯政治观念的发展进行解释的较早的一部著作。

英国宪法学家戴雪的著作《论华兹华斯的政治家气质》（The Statesmanship of Wordsworth）试图为我们解答上述两个问题，为我们揭示英国浪漫主义诗人代表之一的华兹华斯作为诗人之外的另外一重面相，为读者展示华兹华斯的政治性诗歌所投射出的政治家风范。

戴雪对"两个华兹华斯"这种解释提出一定程度的挑战。《论华兹华斯的政治家气质》主要通过对《序曲》、"献给民族独立的诗"以及《论辛特拉协定》的分析，论证了华兹华斯的政治观念在一定程度上是连贯一致的。

在《论华兹华斯的政治家气质》一书的第二章中，戴雪通过对华兹华斯诗歌的分析，对其早期的共和主义信念进行了剖析。华

---

① C. W. Previté-Orton, A Review of The Statesmanship of Wordsworth, The Modern Language Review, Vol. 13, No. 1 (Jan., 1918), pp. 108-109.

兹华斯亲身体验了法国大革命的热情。1790年7月,正值法国大革命一周年之际,华兹华斯和友人正好在法国,因此他能够切身地体会到法国大革命期间人们所具有的乐观精神。正如戴雪论述的那样,早年的华兹华斯是一位坚定的共和主义者。他早年的这种政治信念主要记载在《序曲》①这一部诗集中。这点可以从《序曲》第九卷第120—125行的自白中明确地看出来:

> 我……
> 于是,不久即成为共和派,我的心
> 献给人民,我的爱属于他们

在该卷稍后的诗行(第198—237行)中,华兹华斯又对自己早期共和主义政治信念的根源进行了反省。华兹华斯认为,自己之所以能形成共和主义的信仰,首先是由于生长的环境——古老的湖区"依然保留着古老的朴实,胜过英国土地上的任何角落",在幼小时期,周遭就没有任何人由于财富或地位而格外享有尊荣;大学中尊崇平等、自由的校风巩固了儿时形成的共和精神。其次是由于他对待自然的态度。在华兹华斯看来,在自然世界中,人类的平等是自然的最高命令,是神意的体现。因此,法国大革命的目的也

---

① 1798年,华兹华斯产生了想要创作一部名为《隐士》(*The Recluse*)的叙事长诗的想法。但他很快陷入疑虑,怀疑自身是否有才华与能力完成构想中的巨作。于是诗人华兹华斯先对自身的成长过程进行了反思,构成了长诗《隐士》的一个部分。后来被单独命名为《序曲》。《序曲》的第九、十、十一三卷记述了诗人华兹华斯如何从一名法国大革命的热情支持者、赞颂者逐渐变得对大革命失望与沮丧。

就是要恢复自然的人性。最后是因为他从小便熟读的古典著作中的古希腊、罗马的共和主义英雄们所产生的影响。在第408—410行,华兹华斯将他在布洛瓦结识的法国共和派军官博普伊(Beaupuy)视为将叙拉古从僭主统治中解放出来的迪翁(Dion)。正如戴雪所言,"在华兹华斯看来,他就像普鲁塔克笔下的英雄",是古典共和主义的化身。① 在华兹华斯笔下,还提到了许多古典时期的共和主义英雄,例如古希腊刺杀僭主的哈默迪亚斯、亚里士多吉顿以及古罗马的布鲁图斯。②

华兹华斯早年的共和主义政治观念是对1789年之前整个欧洲舆论中普遍存在的"对于自然善好、人民的德行以及认为人民的声音就是上帝的声音的信念"的生动阐释。在当时的启蒙思想氛围中,法国被视为是专制的旧制度的堡垒。这种舆论在英国由于辉格党漫长的统治而更加根深蒂固。诚如哈列维所言,在1789年前,卢梭的著作便在英国广泛流行,他的平等主义、共和主义的政治哲学也在英国赢得了不少拥趸。③ 而在法国大革命初期,无论

---

① A. V. Dicey, *The Statesmanship of Wordsworth*, Oxford University Press, 1917.

② 华兹华斯:《序曲或一位诗人心灵的成长》(第十卷),丁宏为译,中国对外翻译出版公司1997年版,第195—200页。芬克(S. Z. Fink)教授认为,华兹华斯早年的思想更多地是受到英国自弥尔顿、哈林顿、西德尼、尼德哈姆(Marchamont Nedham)、拉德洛(Ludlow)而形成的这一共和主义传统的影响,而更少受卢梭的影响。参阅"Wordsworth and the English Republican Tradition", *The Journal of English and Germanic Philology*, Vol. 47, No. 2 (Apr., 1948), pp. 107-126。

③ 埃利·哈列维:《哲学激进主义的兴起》,曹海军等译,吉林人民出版社2011年版,第151页。Gregory Dart, *Rousseau, Robespierre and English Romanticism*, Cambridge University Press, 1999, p. 13.

是将法国大革命视为1689年英国光荣革命那样的辉格党人,还是将其视为美洲革命的辉格党人,无不都将革命的爆发视为自由最终取得的胜利。华兹华斯早年对法国大革命的热情无疑也受到了卢梭的影响,同当时大部分的辉格党人立场是一致的。"在许多方面,似乎不再有任何必要对卢梭的'影响力'进行进一步探讨。卢梭对法国大革命和浪漫主义运动产生了多方面的影响,其著作的重要性从来没有被否认过。……诸如《致达朗贝尔的信》以及小说《新爱洛漪丝》在英国都将其塑造成热情的共和主义信徒,成为批判现代都市生活腐败与虚伪的利器。"①华兹华斯歌咏自然与普通人物的诗歌中都闪现着卢梭的影子。例如在《反其道》一诗中,他呼吁人们要重视自然与生命力散发出的天然的智慧,劝诫人们"合上你索然无味的书本,/再休提艺术与科学;/来吧,带着你一颗赤心,/让它观照和领略"。在这里,华兹华斯无疑是受到了卢梭的《论科学与艺术》的影响。再如,华兹华斯的"湖区"同卢梭的日内瓦城邦是具有内在的类似性的。在华兹华斯的湖区与卢梭的日内瓦都保留着大自然与人民最原初的美德,它们同现代商业化的都市形成鲜明的对比。更有甚者,和卢梭一样,华兹华斯也将瑞士的山区视为和大海一样是"大洪水"之后最后的自由贮存地。②

随着革命事态的发展,华兹华斯最初对革命的乐观态度也发生了些微的变化。1791年11月,华兹华斯再次造访了法国,并且

---

① Gregory Dart, *Rousseau, Robespierre and English Romanticism*, Cambridge University Press, 1999, pp. 12-13.
② 参阅《一个英国人有感于瑞士的屈服》,《华兹华斯诗歌精选》,杨德豫译,北岳文艺出版社2010年第2版,第188页。

一直待到了1792年12月。华兹华斯发现,一年前大革命初始爆发时所激发出来的热情与乐观已经一去不复返了,整个国家被狂暴的激情所包围。在9月的大屠杀爆发时,华兹华斯离开了巴黎,去了布洛瓦。因此,他并未能亲身经历9月的大屠杀。但是,他对大屠杀是厌恶的,他的情感与政治信念是属于吉伦特派的。在日后回忆大屠杀与恐怖统治时,他后悔自己当时没有同那些人一同死去:

> 无疑,当时我和那些已经死去的人们
> 坚持同样的主张,也许我也应当死去,
> 作为一个可怜的错误和令人困惑的献祭——
> 应当回到自然母亲的怀抱,
> 带着我所有的决断、所有的希望

因此,9月的大屠杀以及雅各宾的专政恐怖统治并没有动摇华兹华斯对革命本身以及他对共和主义的信仰。相反,他相当理智地分析了法国人为什么会默许恐怖统治的发生。第一个原因是反法同盟与法国的战争。只要这种战争存在一日,为了保卫法国的领土,保卫革命的成果,恐怖统治就有存在的必要。第二,华兹华斯从法国的古代传统中找到了恐怖统治的原因。雅各宾的邪恶统治只是继承了法国旧制度中最邪恶的传统,并将其中最专制的习惯夸张地加以复兴。华兹华斯认为,恐怖统治的原因不应当在当前的环境中寻找,而应当在"世世代代继续下来的罪孽与愚昧"中寻找:

> 世世代代
> 积蓄下来的罪孽与愚昧,如巨大的
> 水库,再不能承受那可怕的重负,
> 突然溃决,让大洪水泛滥全国。

　　这里提到了洪水的意象。洪水是华兹华斯的政治性诗歌中最经常使用的一个意象。"洪水"的这个意象在华兹华斯这里是借用自《创世记》中的典故。圣经中的"大洪水"淹没了犯下深重罪恶、无可挽救的人类。在"献给民族自由的组诗"中还有多首诗歌涉及洪水的意象。例如"不列颠自由的洪流,从古昔年代/就'破涛壮伟,势不可遏',奔向/浩茫海域,博得全世界的赞赏"。在这首诗中,"洪流"与大海都象征着自由。而在《一个英国人有感于瑞士的屈服》一诗中,诗人哀叹瑞士被拿破仑征服而失去自由。在这首诗中,山和海作为自由的两种象征而得到呈现。山和海之所以成为自由的象征,是因为它们都是"大洪水"保留下来最后的遗迹。因此,作为大海之代表的英国与作为群山之代表的瑞士也是自由的堡垒。

　　1792年到1802年属于华兹华斯政治思想发展的中期。在这个阶段,其政治观念的主要特征在于反对1793年英国加入并领导反法同盟对法国宣战,谴责英国对法国的战争是一场不正义的战争。

　　1793年,英国在皮特的领导下对法宣战。英国的做法使华兹华斯十分失望与愤慨。在华兹华斯看来,一个自由之典范的国家不应干涉一个独立自主的国家选择它自身意愿的政体,这样的国家不再是自由的国度,而是扼杀自由的国家。因此,他对英国的爱国精神开始枯萎：

> 我有生以来第一次被赶出爱的
> 围栏；情感从根子上枯萎、烂掉，
> 并非似先前那样被更强的感情
> 吞没，而是都变成与原先对立的
> 情绪。

而大约到1798年前后，华兹华斯对待英国对法战争的态度发生了根本性转变：从反对的态度转变成支持赞成的态度。因为到了1798年，法国已经不再是自由的保卫者，而是侵略者了：

> 可这时，法国人自己成为压迫者，
> 将自卫战争变成侵略的远征，
> 全然不顾他们为之奋斗的
> 一切，竟在光天化日之下，爬上
> 自由的天平。

法国的战争已经不再是为保卫法国的独立与革命的成果而进行的了，而是为了侵略、征服他国。因此，在华兹华斯看来，这种战争便不再是正义的了。

在华兹华斯政治观念的这一个发展阶段，柏克对其产生的影响是极其重要的。而这点也是戴雪最为极力加以论述的。戴雪认为，华兹华斯受到柏克的影响首先可以从华兹华斯文论风格的差异中找到。华兹华斯1793年发表的文论《为法国大革命辩护》这本小册子风格简明、观点直接,而1807年发表的《论辛特拉协定》则"文句冗长、精微",并且其风格是在"模仿柏克"。其次,华兹华斯从柏克那里学会了历史的方法,而不是像早先轻易地诉诸抽象的观念。最后,二者都同样坚信,对人类本性的认识是政治家变得卓越的基础。在支持同美洲和解的演说中,柏克极力说服议会中的政治家们相信,要解决美洲的僵局与危机必须从了解美洲殖民者的本性、了解他们的宗教与情感开始,而不能仅仅局限于法律上的计算。在《论辛特拉协定》一书中,华兹华斯也认为,能够保证同西班牙半岛的人民结成联盟的唯一方式就是理解他们的性格、情感甚至偏见。在《序曲》中,华兹华斯对柏克的赞赏与崇敬是溢于言表的:

> 柏克的天才!
> ……
> 他——
> 老迈但强健——挺拔如橡树:累叶
> 垂覆的额上生出鹿角似的树杈,
> 却更能震怵林中的幼木。……
> 他辛辣地讽刺、抨击并告诫
> 人们警惕所有建筑在抽象
> 权利之上的制度;他赋予被时间
> 检验的习俗与法律至高无上的
> 地位,称习俗中结成的纽带

具有强韧的生命
……

因此,柏克的思想对华兹华斯产生了重要的影响。柏克关于历史和习俗在政治生活中占据着重要地位的思想对华兹华斯早期较为激进的共和主义思想起到了抑制与调节作用。华兹华斯也同柏克一样,逐渐从一名辉格党人支持者转而支持托利党人的政治政策。这为华兹华斯晚期的政治观念逐渐走向保守奠定了基础。18世纪末,英国政党政治经历了一次根本性的变迁,尤其是1783年小皮特继福克斯-诺斯-联盟之后出任首相。在皮特的领导下,托利党很快得到了复兴,并利用法国大革命之机,利用柏克的保守主义重新巩固了托利党在英国的统治。发表著名的《思索法国大革命》的演说之后,1791年柏克与福克斯在下议院完成了一场催人泪下的决裂演出。柏克从辉格党转向托利党更多地是由于皮特领导的托利党实则同沃尔波尔领导的辉格寡头集团并无大差异,新托利党在很大程度上承担起了辉格党曾经肩负的原则与使命。而福克斯领导下的辉格党本身同平民政治发生更多的关联,在柏克看来,这已经背离了原先的辉格党。因此,如果说柏克背叛了辉格党,那么福克斯领导的辉格党人也同样偏离了先前的辉格党精神。[①] 使托

[①] 以共和主义精神为依托的湖畔派诗人在19世纪末英国政党政治变迁的背景下好似无根的浮萍,既无法在皮特的新托利主义中找到依归,更显得与福克斯的辉格党格格不入。也许正是因此,戴雪认为:"华兹华斯的政治理论已经既超越了托利党人的理解,也超越于辉格党人的理解。"(这点得益于在"海国图志"沙龙中对本文进行的一次讨论。)

利党、辉格党同之前的党保持连续性的是它们在宗教上的连续性。托利党人始终同国教联系在一起,而辉格党则以非国教徒为基础,并提倡解放天主教徒。在政治上,天主教徒的解放是同黑奴的解放一样具有政治效果的事件。

1802—1815年是华兹华斯政治观念发展的第三个阶段。较之1793年,华兹华斯这个时期的政治观念在许多方面都发生了根本性的转变。他不再反对英国对法战争。相反,他认为1802年的《亚眠和约》是不适当的,给了法国喘息的机会,"结束《亚眠和约》,重新对拿破仑专政开战对于英格兰来说既是一种必要,也是一种义务"。他认为英国不再像1793年皮特发动对革命法国的战争时那样是一个侵犯自由的国家,而是自由的堡垒,是欧洲自由最后的捍卫者。

在《亚眠和约》签订之前,法国已经同俄国、奥地利、奥斯曼等欧陆大国签订了和平条约,实现了欧洲大陆的普遍和平,并通过在获取的土地上建立傀儡政府的手段而控制了大片的土地。《亚眠和约》迫使英国承认法国通过革命扩张而取得的一切成果。事实上,正如华兹华斯所认为的那样,它标志着皮特对法战争策略的失败,而这项所谓的"和约"绝不可能是战争真正的结束,而只是双方一次短暂的休整。双方都在为下一次的战争的开启谋划、准备着。很快,拿破仑就通过一系列的手段,在经济、军事和外交方面对英国采取了孤立与封锁措施,并积极筹措横渡英吉利海峡,攻打英国本土。在《亚眠和约》签订后的两年中,奉行和平主义的阿丁顿内阁所采取的政策对英国来说是灾难性的,使英国陷入了空前的危难中。华兹华斯也对英国当时陷入的危急状况进行了谴责。他认为英国的状况是由于英国人丢失了自身的美德与良好的风俗,并呼吁诸如弥尔顿之类的英豪再世,将英格兰人的自由、美德与力量重新带给英国人:

> 我记得一些大国如何衰退;
> 当战士丢开宝剑而拿起账本,
> 当学者撇下书斋去觅取黄金,
> 当高风美德告辞,祖国啊!我每每
> 为你担忧——也许我该受责备?

> 弥尔顿!你该活在这个时候,
> 英格兰需要你!她成了死水一滩:
> 教会、朝廷、武将、文官,
> 庙堂上的英雄,宅第里的公侯,
> 都把英格兰的古风抛丢,
> 失去内心的乐。我们何等贪婪!
> 啊,回来吧,快把我们扶挽,
> 给我们良风,美德,力量,自由!

华兹华斯的这些诗句无疑是对短暂的阿丁顿内阁的严厉谴责。于是,1804年,皮特再次受命组阁,重整军备,并首先通过特拉法加大捷彻底摧毁了拿破仑的海军,使其攻打不列颠本土的计划付诸东流,只能诉诸于更加保守的大陆封锁政策。"献给自由的组诗"中创作于这个时期的诗歌歌颂了英国的自由与勇敢,重新鼓舞起了英国人对抗拿破仑的勇气。

在《论辛特拉协定》这本小册子中,华兹华斯将对拿破仑的战争建立在正义战争的基础之上,并系统地阐释了自己对欧洲秩序的理解。他认为:"反对拿破仑的战争是一场反对非正义、反对压迫的战争。"华兹华斯将正义战争建立在民族主义的基础之上。在《论辛特拉协定》中,华兹华斯认为,对于每一个拥有民族独立的欧洲国家来说,民族独立是其他许多至善福祉——例如自由或文明进步——的必要条件与源泉。独立而非自由宪政是西班牙人民首要关注的目标。其次,每一个独立的民族包括英格兰都应当立志保卫其他每一个民族的独立。第三,任何一个国家都不得拥有过于强大的军事实力,以至于威胁其他国家合法的独立地位。第四,拿破仑统治下的法兰西帝国拥有几乎无法抵抗的实力,这是有违民族独立原则的,因此英国必须向法国开战,将法国的实力限制在合理的范围之内。第五,按照民族主义的原则,欧洲的和平秩序将是一种均势政治。但是,华兹华斯设想的均势政治是以独立的民族为基础的,它不同于1815年维也纳会议上所建立的欧洲主要大国协调一致的均势。而在19世纪中叶欧洲爆发的民族主义正是反对各帝国协调一致的均势体系。

因此,1802—1815年,华兹华斯的诗歌所具有的政治家气质就在于,首先它们极大程度上消除了英国人沮丧的情绪,并恢复了英国人对自由的信念与勇气;其次,华兹华斯在其反对拿破仑帝国的诗歌与文论中提出了最初的民族主义理论。这些民族主义的信条在欧洲大陆直到19世纪30、40年代才得到诸如马志尼等人的接纳,而英国的自由主义者直到19世纪70年代才接受了民族主义的信念。因此,正如戴雪所言,华兹华斯无疑是英国、乃至欧洲民族主义的先知。

最后,戴雪的《论华兹华斯的政治家气质》虽然是针对1917年英国的具体处境而写作的,旨在鼓舞英国在"一战"中保卫国家、保卫欧洲自由的勇气。但是,对华兹华斯诗歌中所反映的政治思想及政治家气质无疑都是超越时代的。更重要的是,戴雪在华兹华斯的政治思想中发现了民族主义这一线索,可以一以贯之地解释华兹华斯生涯前期与后期的政治观念。与此同时,不同于华兹华斯的是,作为统一党代表人物之一的戴雪先知般地意识到了民族主义对于不列颠帝国可能产生的威胁——"民族主义的精神有朝一日会变成一股解体性的力量,它有可能不像在意大利的例子中那样缔造民族的统一,而是会破坏统治良好的国家"。

戴雪思想深刻,语言典雅厚重;译者水平有限,译文中难免存在许多不完美之处,希望读者方家多多批评、指正。

戴鹏飞
于重庆
2016年6月4日

献给我的朋友
阿伯丁大学英国文学教授
阿道尔夫斯·阿尔弗雷德·杰克(Adolphus Alfred Jack)

目 录

前言 …………………………………………………… 1

导言 …………………………………………………… 2

第一章 华兹华斯的政治家气质 ………………………… 8

第二章 华兹华斯对法国的了解 ………………………… 19

第三章 华兹华斯政治信念的发展(1792—1802 年) …… 60

第四章 华兹华斯的政治家气质(1802—1815 年) ……… 80

第五章 关于华兹华斯政治家气质的若干疑问 ………… 106

第六章 华兹华斯的政治家气质对当前战争的启示 …… 128

附录 华兹华斯的《论辛特拉协定》 …………………… 146

前　言

本书讨论的是1802—1815年华兹华斯的政治家气质。本书的大部分曾经以论文的形式就该论题首先刊登在《19世纪及未来》(*The Nineteenth Century and After*)上。我要借此机会对该期刊主编致以诚挚的谢意，感谢他慷慨地惠允我在本书后面的章节中自由使用那些文章。同时我还要感谢朗曼与格林公司(Longmans, Green & Co.)，感谢他们允许我全文复制由他们在1910年出版的《约翰·穆勒书信集》(*Letters of John Stuart Mill*)中穆勒关于他在1831年访问华兹华斯的论述。尽管已经过去了60年，但它依然是我迄今发现的对诗人华兹华斯最好的文学素描。最后，我也很高兴地承认，在写作这本书时，我获得了许多朋友的帮助，他们远比我自己要更加理解华兹华斯的全部诗作。尤其要感谢伦敦大学学院英格兰文学教授凯尔(W. P. Ker)、牛津大学萨莫维尔学院(Somerville College)英格兰文学助教姐碧谢尔小姐(Miss Darbishire)以及《1807年两卷本华兹华斯诗选》(*Wordsworth's Poems in Two Volumes of 1807*)的编者。

牛津

1917年4月

导　言[①]

对于许多读者来说,这本书的标题《论华兹华斯的政治家气质》可能会引起一些困惑。对于他们中的大部分人来说,华兹华斯以诗人的身份著称,并且很可能是英格兰诗人中最享誉盛名的一位。同时,对于他们来说,华兹华斯还是一位道德家(moralist)。然而,他们知道华兹华斯从来没有参加过议会,甚至从未试图获得议会中的一个席位。那么,这样的一个人和政治家气质又会有什么关系呢?有极少数人,他们听说过华兹华斯多多少少同政治相关联,但他们可能由于华兹华斯敌人的误导或误解而认为华兹华斯是一个命运多舛的文人,早年虽说不上是雅各宾党人,但却是一名革命者,而到晚年又由于被恐怖统治(Reign of Terror)深深震惊,最后成为一名极端激进而顽固的托利党人。总之,他被人们看作是一个思想家,与同时代的其他一些人一样

[①] *The Prose Works of William Wordsworth*, edited by A. B. Grosart, 3 vols. E. moxon, 1876.(下文提及简称 Grosart)

The Poetical Works of William Wordsworth, edited by T. Hutchinson, oxford edition, 1895.(下文提及简称 Hutchinson)

The Patriotic Poetry of William Wordsworth, By the Right Hon Arthur H. D. Acland, Oxford, 1915.

华兹华斯的《论辛特拉协定》出版于1809年,牛津大学出版社于1915年再版。

都被描述成是一个正在变得锈迹斑斑的风向标。人们认为,这样一个人很可能会是一名杰出的诗人,或者是一位高尚的道德家,但绝不可能对英格兰的政治生活产生什么影响或起到什么实质性作用。

有一些著名的声音批评了华兹华斯,但他们的批评有些时候强化了人们关于华兹华斯的观点,即华兹华斯的生活对他的国家的政策并未产生影响。有些诗人和文人对华兹华斯的天赋进行了巧妙的分析;他们的分析总是被华兹华斯的崇拜者们一再地以崇敬的心情加以引用。然而,这些诗人和文人总是无意识地提供证据,证明了华兹华斯就是一个梦想家。关于华兹华斯,马修·阿诺德写道:

> 当岁月已使我们的灵魂麻木失去知觉,
> 他唤醒了我们;
> 他吟咏,使我们的心灵松弛、感动落泪。
> 他抚慰我们,使我们就像刚出生
> 静静地躺在清凉的、开满鲜花的大地的怀抱中,
> 恬静地微笑,身心放松;
> 群山环抱着我们,而风
> 吹拂过洒满阳光的田野;
> 我们的额头迎着微风与雨滴。
> 我们又重返青春;因为我们
> 早已凋零、枯竭、萎缩的精神

重新获得了世界最初的活力。①

阿诺德的评论无疑启发了成百上千的学生去理解华兹华斯的理论。这种理论是学生们可能很难自己就加以掌握的。我丝毫不愿意去低估阿诺德对这位伟大诗人细腻的理解。毫无疑问,阿诺德对华兹华斯的理解要比与他同时代的那些人深刻得多。我唯一的主张是,单单强调华兹华斯教诲中伦理性的一面常常使人们忽视了华兹华斯性格与行动中另外一些真实的方面。人们因此无法直接认识到华兹华斯充满激情地参与英格兰公共生活的原因,②无法认识到他一直以来都在试图使自己的同胞们朝着正义、朝着以专制制度的土崩瓦解为基础的和平稳步前进而付出的努力。再者,我们还应当注意到,如果华兹华斯的政治家气质没有得到适当的认可(要么是他的敌人的歪曲,要么是由于他的追随者对他的诗歌以及道德原则单方面的崇敬所致),他自己有时候也对自己的名誉造成了损伤。看看他是如何描述一位诗人的:

> 此人是谁?他样貌清秀,
> 皮肤是平凡的棕褐色。
> 他站在一条奔流的小溪旁吟咏着,

---

① 参见 Matthew Arnold, Memorial Verses, *Poetical Works* (Macmillan), pp. 290-291。
② 1833 年,华兹华斯对一位朋友坦言:"尽管世人都认为他只是一个诗人,但是他每天要花 12 个小时来思索社会的条件与前景,而用在诗艺上的时间只有一个小时。"参见 W. Hale White, *Examination of the Charge of Apostasy Against Wordsworth*, p. 16,引用了德威(Orville Dewey)的作品,1844 年版,第 622 页。

他的歌声比溪流更加甜美。

他就像正午的露珠,
或正午小树林中的泉水;
你要去爱他,你会发现
他值得你的爱。

天空与大地外在的样子
山峦与深谷的形态,他都游览过;
而生命内在的冲动
独自在其身上涌动。

在我们周遭这些平常事物中
他能发现一些浅显的真理;——
一双平静的眼睛的收获
在他自己内心的犹豫与沉睡。

然而,他是虚弱的;作为男人和孩子,
他都是大地上的游荡者;
在那些其他人都理解的事物中,
知足常乐。① (1799 年)

---

① Hutchinson,p.485.

这些诗句本身很可能并不能被当成是华兹华斯的自画像,而只能被看成是华兹华斯对于一位像他一样拥有这种特殊信念和诗意想象的理想的诗人和道德家的画像。这些诗句包含着有价值的自我阐释,但是就像所有的忏悔录或启示录一样,事实当中显然都混杂了大量的想象,既包含许多真理,也包含许多误导人的看法。例如,一位散文读者如果认为最后几句诗事实上可以适用于华兹华斯,他就很可能会认为,华兹华斯本人在一定程度上是娇弱的,是一个无所事事之人,满足于平静地享受所有包含美与善的事物,虚度一生。再没有什么结论比从华兹华斯自己的话中得出的这种论更加荒谬了。华兹华斯一生所经历的所有事情,无论是失败挫折还是他的美德,都和软弱无力没有任何关系,和慵懒懒散没有丝毫关联;它们是力量的象征,是不屈不挠的精力的象征。他时常也许会几个小时或者几天沉浸在梦想中,但是他的梦想绝非源自慵懒,绝非源自犹豫不决,而是源于如下深刻的信念:

> 人类的思想能够从
> 明智的休憩中获得巨大的营养。①

将华兹华斯与柯勒律治进行对比,人们马上就会发现两者的差别。前者是与力量联系在一起的文学天才,而后者同样是伟大的天才,只是他同软弱无力相连,并被软弱毁灭。华兹华斯绝非慵懒之人。华兹华斯描绘诗人的慵懒的这些诗句是在他的力量达到

---

① Hutchinson, p. 481.

其最高峰的时候写下的,他的头脑中当时充溢着关于法国与英格兰之间正确关系的具有政治家风范的观念。

因此,我的观点是,尽管华兹华斯作为诗人的杰出地位至少在英格兰已经得到广泛的承认,但是他作为政治家的非凡之处却没有得到任何适当的关注。本文丝毫不想分析或评估华兹华斯的诗歌本身。博学的、充满文艺才华的文艺批评家们的工作已经奠定了华兹华斯在英格兰诗人之林中的崇高地位,对此本文作者丝毫不想做任何评论。本文唯一的目的是想要揭示华兹华斯特点鲜明的政治家气质。笔者的目的是想要表明,在英格兰和拿破仑之间发生的大战期间(即1802—1815年),华兹华斯试图通过最高贵的语言向英格兰政治家和英格兰人民传递最为明智的建议。华兹华斯用了许多年的时间来预言、沉思和宣告民族主义的原则。在19世纪,民族主义至少有50年(1820—1870年)在所有欧洲国家的外交政策中占据主导地位,或者至少影响了欧洲国家的外交政策。华兹华斯在拿破仑战争期间阐发的政策提出了一些问题并包含许多答案,这些问题与答案对于英格兰来说事关重大,她当时正卷入一场世界性的大战中,以保卫不列颠帝国的独立,保卫每一个自由的国家。笔者试图阐发19世纪前15年间华兹华斯的政治家气质所具有的洞见与先见之明,之所以这样做是因为笔者抱着微弱的期望,希望华兹华斯曾经振奋与鼓舞了我们的先辈们抵抗拿破仑专政的思想和诗句能够鼓舞与加强今日英格兰人的决心,去摧毁另一个远比曾经施加给整个欧洲的暴政统治更加强大、更加残暴的军事独裁政权。

第一章　华兹华斯的政治家气质

华兹华斯是一位天才。他是一位诗人,不过他绝非一位平凡的诗人;他的诗歌是炽热的想象力的产物,而他的想象力又是由常识、深刻的思想以及对于平常事物的敏锐眼光所引导的。他关于政治的观念,尤其是关于外交事务的观念,和他的诗歌有着最为密切的关系。它们二者都建立在对显见事实的认识的基础之上。

华兹华斯天生就有着最为敏锐的观察能力。所有人都承认:

> 天空与大地外在的样子
> 山峦与深谷的形态,他都游览过;
> 而生命内在的冲动
> 独自在其身上涌动。①

不过,尽管华兹华斯喜欢待在乡村,尤其喜欢山峦与山谷,他也以极快的速度以及在年轻的时候就极其贪婪地阅尽了所目睹的一切城镇生活。因此,他才能对老伦敦(Old London)做极其细致入微的描述。他所描绘的画卷对于我们今天的大多数人而言都只

---

① Hutchinson, p. 485.

第一章 华兹华斯的政治家气质

是一种传统了,并且对于那些出生得不够早,至少无法回忆起维多利亚早期时代伦敦的样子的人来说,甚至无法成为一种回忆。对这点有所怀疑的人应当读读下面描绘伦敦街道场景的诗句:①

> ……在我眼前穿梭着
> 看不到尽头的人流和车流!
> 此情此景每日重新,引人震惊——
> 令人叹为观止,深深憧憬——
> 行人匆匆,老幼皆有;各种
> 颜色、灯光、形状飞速闪烁;喧闹嘈杂声不绝于耳;
> 来往行人摩肩接踵;
> 各色货品五花八门,
> 商铺鳞次栉比,到处都是各种标志、金字招牌,
> 商人们的各种荣誉悬于头顶:
> 这里是,大楼的前门就像扉页一般,
> 从上至下写着许多大字,
> 金字招牌悬于门顶,就像神圣的护卫;

---

① 对伦敦城的这段描写可以同《序曲》中其他的诗句相比拟。拉斯金(Ruskin)的作品中常常引用狄更斯的著作,并且拉斯金显然清楚地意识并谈到过诗人与小说家在目光的敏锐性方面具有的相似性(参见 *Modern Painters*, Ruskin's Collected Works, iii, pp. 570, 571,并阅读所有提到狄更斯的注释)。事实上,华兹华斯、卡莱尔、狄更斯和拉斯金本人都是一批拥有这特殊天才的人物,他们的特征也许可以归结为"通过双眼思考"(如果允许使用此种表达)。此类天才人物通常都能迅速地将常人通常都忽视掉,而他们敏锐的双眼却能捕捉到的印象转变成思想。而在这四个人中间,华兹华斯无疑也是最为敏锐的观察者,同时又是最冷静的评论家,这点是毋庸置疑的。

> 那边是,寓言中的各种造型,雄性的或雌性的,
> 或者真人的脸谱,
> 武士、国王或者海军大将,
> 波义耳、莎士比亚、牛顿或者是出名一时的
> 夸夸其谈的博士引人入胜的头脑。①

甚至在很年轻的时候,华兹华斯就天生拥有明智的判断力。华兹华斯自己十分明白,必须充分运用良好的感知与思想以节制他狂热的想象力。下面这些诗句描绘了他自己的态度,当时他还很年轻,并且即将亲自卷入革命冲突之中:

> 我当时根本还没有卷入过混乱中,
> 远比后来拥有更加
> 明智的判断,
> 内心的正直更少受到影响,
> 过往岁月的经验,通过
> 书本与日常生活的帮助,对年轻的头脑
> 起到有益的帮助,它使事物变得更近
> 不会被震惊、被眩晕或被误导
> 而与民众为了眼前目的而发生斗争。②

---

① Hutchinson, p. 689.
② Hutchinson, p. 714.

第一章 华兹华斯的政治家气质

他对自身判断的信心是不证自明的。这点还可以不经意地通过另外一个人的话得到印证,他对华兹华斯真正有着亲密的了解。在谈到一位真诚的朋友的严厉时,柯勒律治注意到,华兹华斯强有力的感觉与想象的天赋不同寻常地融合在了一起。他写道:

>缺乏了其情感的深度与想象的力量,他的感觉就缺乏至关重要的温暖与独特性;而缺乏了其强有力的感觉,他的神秘主义就会变成病态的——就像雾一样,晦暗不清。①

环境还塑造了他另外一项不同寻常的优势,这种优势在英格兰许多政治家身上几乎很少被发现。在成年之前以及整个人生中,他都亲身感受到了贫穷与富有的福佑(并且很可能是极大的福佑)。生活在坎伯兰和威斯特摩兰的自耕农或所谓的"政治家们"中间,他从小就被塑造了独立的精神。② 他既不了解庇护者的诅咒也不了解监狱的诅咒。就学于一所优秀的文法学校,之后又就学于剑桥大学,他获得了绅士或贵族的子女所能获得的最完善、最自由的教育。但是在他人生的任何一个阶段,他都从未富有过;就

---

① Coleridge, *Biographia Literaria*, ii. 161. 对比华兹华斯的智慧与公正对约翰·穆勒留下的深刻印象。1831年,约翰·穆勒造访华兹华斯时仍然只是一个25岁的小青年。参见下文第112页。

② 柯勒律治写道:"坎伯兰与威斯特摩兰山谷中牧羊人、农民的思想、感情、语言和习俗也许可以解释为什么不论城市还是农村的生活状态都会导致同样的结果。其中独立和与之相伴的毫无虚荣、朴实、虔诚的教育是最重要的两项原因。前者使人不再卑躬屈膝,使人不再每日为了他人的利润而劳作,而仅仅是为了过一种勤劳、淳朴、简单的生活;后者只要求阅读《圣经》《公祷书》或《赞美诗》,而不读别的书。" *Biographia Literaria*, ii. 45.

像彭斯(Burns)和科贝特(Cobbett)一样,他也时常体会到囊中羞涩的味道。因此,他理解并同情穷人的需要。他将人生看作是一个整体,尤其是在法国大革命期间,他是从一个受过良好教育、有思想的英格兰绅士的角度,同时也是从一个独立的自耕农的立场来看待生活的。作为一个自耕农,他所拥有的每一便士无不都是依靠自己的辛劳赚取得到的,并且他的每一先令、每一镑都从未使他真正充裕过。

此外,既由于华兹华斯所处时代、所受教育以及整个人生经历,同时也由于他理智与道德上的天赋,至少到1815年他就对参与公共生活有了浓郁的兴趣,并且对激烈的活动有着真切的同情,哪怕这些活动有时候会趋向于违法。① 但是,他对高贵理由的信念通常也都保持在适当的范围之内,尽管这些高贵的理由对他自己的道德情感有吸引力。诚然,整个一生中他都对人性保持乐观,而对于大部分人来说,这种乐观在他们人到中年时就趋于消亡。然而,甚至在成年早期,他就展现出了冷静与明智的判断力,② 而

---

① 参见他关于罗比·罗伊(Rob Roy)的诗。值得注意的是,这些诗句是在司各特将无法无天的麦克格雷戈家族(Macgregors)勇敢、狡猾的首领介绍给不列颠公众之前就写就的。这些诗句风趣地推荐古老、善良、淳朴的统治:

    那些拥有权力者应当统治,
    而那些服从者应当维持统治。(Hutchison, p. 291)

② 对比华兹华斯(当时还是一个23岁的小伙子)在针对沃特森主教写的《为法国大革命辩护》中所使用的审慎、节制的语言与柏克(当时已是年届61的政治家)在《思索法国大革命》中对诸如理查德·普莱斯如此杰出的思想家劈头盖脸地进行的一番蔑视性的谩骂。

第一章 华兹华斯的政治家气质

这种判断力其他人即便拥有通常也是长久的经验积累的成果。因此,华兹华斯具有的所有品质即使无法直接使其获得参与公共生活的资格,至少也可以保证他没有议会演说家和议会领袖身上那种常常导致他们犯下一些错误的弱点。此类现实政治家们所犯的最严重的错误并非由于他们缺乏深奥的知识,而是由于他们在处理公共事务时无法将他们的精力稳固、排他地集中在复杂的危机中少有的一些重要的、根本的且通常十分鲜明的特征之上。看不见首要原则这种倾向是由于政治家们往往过分关注事件次要的细枝末节。至少华兹华斯身上具有的无可置疑的严肃思考的能力以及敏锐观察的天赋能够纠正或避免现实政治家们的这种倾向。而系统的思想家通常都缺乏敏锐的观察能力。

然而,想要理解华兹华斯政治家气质的读者们必须时常提醒自己以下两点①:

第一,华兹华斯占据着一个特殊且独特的政治地位。事实上,至少就外交政策方面而言,他既不是一个辉格党人,也不是托利党人。法国自由的黎明曾经在他年少的内心燃起了热切同情的火花。

> 幸福啊,活在这个黎明之中,
> 年轻人更是如进天堂!②

---

① 第一点将在本章中加以论述;第二点在本章中只做简单提及,将在第二章中详细论述,参见下文第 18 页及以下。

② 译文采用王佐良诗,参见王佐良:《英国诗史》,译林出版社 1997 年版,第 234 页,略有改动。——译者(本书脚注中标注"译者"的为译者注,未特殊说明的为原书注。)

这些诗句使人回想起人们对法国大革命最初的乐观态度。这些诗句事实上总结了1789年或1790年整个欧洲每一个珍视自由福祉以及相信法国人民正在人类进步的道路上迈步向前的人们的高贵激情。寇柏(Cowper)也和这些满怀希望的人们一样感同身受:

> 只有自由才能给予转瞬即逝的
> 生命之花以光彩与芬芳;
> 而我们只是缺乏自由的野草。①

在对法国大革命的初期阶段持欢迎态度这点上,除了柏克之外,所有的辉格党人都是一致的。② 他们认为,身为1688年反抗詹姆斯二世暴政的政治家们的政治继承人,他们必须为法国人击节叫好,这些法国人在1789年抵抗了波旁王朝的暴政。然而,华兹华斯比任何辉格党人都走得更远。他绝不会误将这场像宗教改革一样激烈地动摇了整个欧洲的运动当作是1688年光荣但几乎保守的革命的翻版。确实,他和柏克一样清清楚楚地看到法国发生的这场革命正在开启一个新的时代;③只是他和柏克不一样的是,他热情地欢迎这场革命。还在孩提时代,他就耳濡目染了共和主义的精神,这种精神对于生长在坎伯兰的政治家或自耕农中的人

---

① Cowper, *Poetical Works*, ii. 42.
② 实事求是地说(尽管也许略微有些不准确),寇柏是一位天生的辉格党人,并且自始至终都是辉格党人。
③ 关于华兹华斯同柏克之间理智上的关联,参见下文第59—70页。

第一章 华兹华斯的政治家气质

们来说是再自然不过的了。① 在大学时代,他又学习到了古典作家的作品中流传下来的共和主义精神;他吸收了如下完整的信念:

> 人与人之间的差别,
> 更少地在于财富与头衔
> 而在于天分、价值和不懈的努力。②

在法国的生活使他倾向于吉伦特派,并且在一段时间内他采取了并不明智的革命哲学。也没有任何理由相信,他对吉伦特派的同情曾经消亡过。在他的全部作品中,读者找不到任何一句诗句表达了对路易十六之死的义愤。③ 他很可能和吉伦特派一样,认为国王准备利用外国人的帮助来复辟王室的权力。国王有这种意图是否就应当被处以死刑,这个问题只有政治诡辩家才会感兴趣。可以肯定的是,在英格兰,无论哪个国王,只要试图利用外国军队恢复王位,他都绝对无法获得原谅。华兹华斯无疑坚持认为,在拿破仑之前形成的旨在武力恢复旧制度(ancien regime)的联合力量不应当得到英格兰的帮助。但是,如果华兹华斯期待这世界从正义的胜利中获得救赎,并且对自由(这种自由正如在英格兰所

---

① Hutchinson, pp. 712,713.
② Hutchinson, p. 713.
③ "你期望自己也成为对路易十六无辜被处死深感不满的人。但是,如果你更深切地了解法国大革命的历史,了解其重要性,而不是为路易十六被处死而悲伤落泪,你就会发现,路易十六的人民对他的盲目热爱多么令人遗憾:人民的爱使这么一个人变得如此残暴不堪,几乎无法在人类的法庭面前进行审判。"(*Apology for the French Revolution*, addressed by Wordworth to Bishop Watson, 1793, Grosart, i. 4)

理解的自由,并且他认为在瑞士实现的自由)有着不可动摇的坚定信念,他就会在1802年或者甚至更早就采取柏克教诲中的大部分观念(也许人们可以适当地认为是最优秀的一部分)。① 柏克的影响使他一劳永逸地认识到,试图通过推翻公共正义以及道德义务的一般规则来实现正义的统治是徒劳无功的,也是错误的。同时也没人会怀疑,他从柏克那里还吸收了如下的信念,即一个国家(nation)并非仅仅只是个人的集合,人类的进步在世界的任何一个角落都必须同对国家(national)历史和传统的尊重密切联系。

在华兹华斯那个时代,很少有人能将所有这些观念融会贯通,而华兹华斯之所以能做到是由于他所具有的政治家风范。他早期的共和主义精神帮助他发现,虽然法国大革命带来了许多巨大的恶行,但是它也给人类带来了真正的福祉。华兹华斯后来从柏克那里学到的历史的方法非常幸运地同他对日常事务细致入微的观察能力以及他对人类特性习惯性的沉思结合在一起。这就保证了他不会陷入那些抽象的信念中;这些信念经常误导最为正直无私的革命者和改革家。平等、民族(nationality)的观念以及甚至自由与正义这些神圣的口号,都由于自身的含混性,而时常成为最深重的灾难的源头。任何人,无论是政治家、牧师还是革命者,如果没有通过不断地将抽象的观念同"环绕在我们身边的日常事物"做比较,而忽视了这些抽象观念具有的欺骗性,那么他就会带来无限的恶,即便他拥有最好的理由。研究先天观念的思想家们由于对某

---

① 关于华兹华斯对柏克敏锐的赞赏,参见下文第68页以后。

个普遍性概念的偏好，经常会被蒙骗，而他们却自认为已经避免了。无论如何，华兹华斯不断地回归现实。再者，他对真相的不同方面的理解自然也限制了激烈的党派精神的滋长，这种党派精神在19世纪前四分之一不断地腐蚀着英格兰的政治家们。霍克哈姆的柯克(Coke of Holkham)是一位很有能力的人。他在辉格党人中间有着很大的影响力。当他还是一个孩子的时候，他的祖父就告诉他："汤姆，记住，至死也不要相信任何一个托利党人。"他的父亲也教导他同样的道理。在这种家庭风气的不断熏陶下，他就更进一步，他回答说："我从未相信过托利党人，并且对上帝发誓，我永远都不会相信托利党人。"终其一生他都严格按照自己的这个信条行事。在辉格党人的圈子中流行着这么一种传统，当孩子问母亲为什么托利党人如此邪恶时，母亲立马就回答道："托利党人天生就是邪恶的，并且他们后来又使自己更加堕落。"西德尼·史密斯(Sydney Smith)是一位拥有最强烈的常识感、幽默感，并拥有良好品质的人。但是在他的作品中，他发现自己几乎不可能毫无偏见地对待帕西瓦尔(Perceval)和坎宁(Canning)。这种尖刻当然并非只局限于辉格党人。沃尔特·司各特(Walter Scott)是一位充满天赋、温良敦厚的人，当他充分发挥自己的良好判断力的时候，他总是能够清楚地看清复杂的社会与政治问题。但是，他和他的朋友们对于有着"良好原则"的人来说，都意味着是坚定的托利党人。1824年，司各特对将年轻的巴克克鲁奇公爵(Duke of Buccleuch)被送进剑桥大学深感遗憾，因为那所大学"很久以来就在政治上感染了自由主义风气"，并且在当时还鼓励一种值得怀疑的宗教乐观主义，这种宗教乐观主义"使宗教沦为一种动机和借口,用以划清政治以及世俗事务的思想界线"。① 1824年这个年代表明,司各特当时正对由查理·西蒙所传布的福音主义感到惊恐,并且多多少少认为福音主义倾向于政治自由主义。他略微有些疑虑地看待"我的朋友史密斯教授"具有鲜明的辉格主义特征的讲座。史密斯教授是英格兰一所大学钦定的历史教授,并且实际上在1824年就开始讲授历史讲座,并赢得了一些追随他的学生。在这种舆论环境下,华兹华斯从事实中获得政治洞见,因此他既不是辉格党人也不是托利党人。因此,他轻易地就成为了一名具有原创性的思想家,并且在思想活力的最高峰时期思索出一套自己的社会与政治理论。

关于华兹华斯政治家气质的第二点更加无比重要。② 在其成长的早年,他就对法国人民有着密切的、第一手的了解。这点甚至对于那些曾经在欧洲大陆生活过很长时间的英格兰政治家而言也是阙如的。对法兰西及其人民独一无二的了解在许多方面都有其重要性,因此必须在下一章中详细地加以考察。

---

① 1824年6月15日司各特致蒙塔古勋爵的信。参见 J. G. Lockhart, *Memoirs of the life of Sir Walter Scott*, iii. 209。

② 参见前文第12页。

第二章　华兹华斯对法国的了解

1790年,华兹华斯第一次在法国旅行。他当时还是一个不到21岁的年轻人。在法国的大部分时间里,他主要都是徒步旅行的。在1791年11月到1792年12月①间,他又花了1年多的时间再次穿越了整个法国。因此,正当法国大革命进行得如火如荼之际,他就在法国。和整个欧洲大部分怀抱自由思想的人们一样,他对革命的黎明充满了希望。他同吉伦特派保持了十分密切的联系;要是吉伦特派倒台的时候他还在法国,他很可能会和他的朋友们一起赴难。用他自己的话来说就是:

> 无疑,当时我和那些已经死去的人们
> 坚持同样的主张,也许我也应当死去,
> 作为一个可怜的错误和令人困惑的献祭——
> 应当回到自然母亲的怀抱,
> 带着我所有的决断、所有的希望,
> 自己作为一个诗人,对人类

---

① 或者,很可能是到1793年1月。

毫无用处……①

因此,在其成年的最早期,同时也是最敏感的时期,他就对法国人民的观点、情感、偏见、美德和缺点有着直接的、第一手的了解。他不是一个富有的人,常常徒步旅行,因此有机会了解各个阶层的人民。他性情随和,容易和在路上遇到的流浪者交朋友。但是他同时又是一个有教养的英格兰绅士。这点从他在城镇中居住的情形就很容易看出。当他在城镇中居住,例如住在布洛瓦的时候,他就结识了许多保皇派的军官。这些军官最终都成为流亡者,反对法国,努力扼杀革命,试图复辟王室。他也同许多热忱的共和派军官们成为亲密的朋友,这些军官们不惜一切代价抵抗外国入侵者。正如上文所述,他同吉伦特派的领导者成为盟友——吉伦特派,无论有何缺点,都是法国最真诚的共和主义者。虽然他们对平等充满了热诚,但是他也不愿意为了实现平等而牺牲了他们对自由的热爱。可以将华兹华斯拥有的能够了解法国人性格的条件同阿瑟·扬(Arthur Young)拥有的条件做对比。阿瑟·扬是一个能力平平的人,在法国大革命爆发前夕十分注意关注法国的情况。仅就英格兰人而言,扬的法国游记是人们渴望并试图了解1789年法国农村和农民最主要的来源。但是,当时扬就已经是一个家喻户晓的名人。他能够轻易地进入贵族和绅士们的圈子。他骑马或坐在马车上旅行。华兹华斯并不拥有扬对农村的了解,并且扬对法国贵族和士绅的了解肯定比华兹华斯充分。但是,我们相信,比

---

① Hutchinson, p. 721.

第二章 华兹华斯对法国的了解

起学识渊博的绅士农场主,华兹华斯肯定更加了解法国农民的热情,更加了解布洛瓦或巴黎的穷人所遭受的困苦与情感。并且,如果阿瑟·扬是1789年以及之前法国农业最出色的观察者,那么显然他没有看到1789年之后法国的情况。① 而华兹华斯研究的是革命冲突最高潮时期的法国。

十分幸运的是,他对革命生活的观察被他记载在《序曲》一书中。② 这部作品表面上看是一本传记体诗歌,描写的是诗人自己的心路历程。然而,它有两个鲜明、有趣的特点和诗歌本身没有任何关系。首先,这本诗集涉及大革命,因此是一份珍贵的历史文献,它记录下了一位敏锐的观察者对革命中的一些重要事件的第一手反思。并且,这位观察者同时拥有富于同情心的想象力和深刻的思想。此外,这些关于大革命的记录是在华兹华斯目睹了法国大革命中最近发生的事件之后12年内被记载下来的。因此,它对革命史学家来说是一份珍贵的历史文献。然而,这点并未得到

---

① 华兹华斯对法兰西人民有着直接的了解;而诸如初代格兰维尔伯爵(the first Earl Granville)之类的外交家却几乎对外国的普通民众了解甚微;这点便形成了鲜明的对照。格兰维尔伯爵魅力十足,并乐于社交。他是当时一流的惠特斯桥牌选手,尽管他在这项游戏中得不偿失。他的赌瘾根深蒂固,大量的时间都花在风月场中,这些事常常都成为风流韵事。然而,他是一位有建数的外交家,并且我们可以认为,他为其祖国付出的艰辛劳作并非毫无成效。但是,这样一位绅士是不可能对他代表大不列颠出任大使的许多国家的人民有着充分了解的。

② 《序曲》这篇长诗开始创作于1799年,完成于1805年,并且在华兹华斯有生之年都并未出版。《序曲》中关于华兹华斯在法国的情况主要包含在第九、十、十一卷中。据说,这些卷次是在1804年之前写就的。但是,我们迄今仍然不清楚华兹华斯晚年时期对当时使用的措辞、言语进行了多大程度的修正。因为,1839年华兹华斯对《序曲》进行了修订。参见 Harper's *Wordsworth*, ii. 407。

足够的承认。① 其次,《序曲》是对华兹华斯青年时期信念的描画,刻画了从 1802 年到 1815 年华兹华斯全部的政治家气质。我希望用华兹华斯自己的诗句来解释他自己深刻的思想,以此揭示《序曲》一书所具有的双重价值。在引用华兹华斯诗句的同时,会略微做一些评论,向熟悉大革命历史轮廓的读者解释或强调一下华兹华斯诗句的意图。

一、革命黎明前的喜悦

> 幸福啊,活在这个黎明之中,
> 年轻人更是如进天堂!哦,在这个时代,
> 风俗、法律、立法的
> 无力、陈腐、禁止性方式
> 都全部被一个浪漫的国家吸引了注意力!②

> 彼时整个欧洲都沉浸在欢乐之中,
> 法兰西屹立在黄金时代的巅峰,
> 而人类的本性似乎又再次得到重生。③

---

① 在卡莱尔的《法国革命史》出版之前,《序曲》作为一份记录了法国大革命时期观念和情感的历史资料所具有的重要性通常是被严重低估了的。敏锐的读者会发现,卡莱尔最先向英国公众传达的某些观点早已被华兹华斯预见到了。

② Hutchinson, pp. 728, 729.

③ Hutchinson, p. 680. 对比柯勒律治的诗句:

> 当初法兰西愤然扬起巨臂,
> 顿足如雷,以横扫海陆的诅咒
> 告知天下:她势必赢得自由。

参见 Coleridge, "France—An Ode", *Poetical Works*, i. 128。(译文采用杨德豫译诗,《华兹华斯、柯勒律治诗选》,杨德豫译,人民文学出版社 2001 年版,第 362 页。——译者)

第二章　华兹华斯对法国的了解

1790年7月13日,就在巴黎举行大联盟节的前夕,[①]华兹华斯和一个朋友想要穿过法国去往瑞士,碰巧

> 在大联盟节前夕
> 在加来登岸,在那我们看到
> 在这座小城,以及其他一些城镇里,
> 人们喜气洋洋,欢呼雀跃
> 成群结队地庆祝。从那往南,
> 我们继续前行,穿过小村落和城镇,
> 到处都是艳丽的节日纪念物,
> 鲜花被留在拱门上独自凋落,
> 窗户上也缀满了鲜花……[②]

这两位旅行者后来遇到了从巴黎返回的参加联邦节的代表们,在一次晚餐宴会上,

> 客人们受到热烈的欢迎就像天使
> 之于年老的亚伯拉罕。晚饭准备妥当,
> 酒杯已斟满,我们围成一圈
> 手牵着手,绕着桌子尽情地跳舞;
> 大家都敞开心扉,带着友爱与欢乐

---

① 参见 Carlyle, *French Revolution*, i. (ed. 1857), pp. 264-280。
② Hutchinson, p. 680.

>放声唱和；我们这两位英格兰人
>在法国获得了礼遇，
>他们热情地给予我们欢乐，
>正如他们的先辈们一直保持着这样的光荣传统；
>我们再次围绕着桌子跳舞。
>告别了这些无忧无虑的朋友们，我们又开始了旅程
>在黎明时分……①

当他们到达瑞士之后，这两位游客发现，法国人的欢乐都蔓延到了临近的国家：

>多么荣耀的日子，
>多么欢快的时光；众人的眼睛中
>闪烁着胜利的光芒，这是大家共同的语言；
>仿佛是从睡梦中醒来，各个国家都欢庆
>他们巨大的期望：战争的号角
>当时诚然是激励人们精神的声音，
>画眉已在幼嫩的小树林中鸣叫。
>我们离开了瑞士，为这些邻邦的命运
>感到高兴……②

---

① Hutchinson, p. 681.
② Hutchinson, p. 686.

第二章 华兹华斯对法国的了解

可以将这幅充满革命热情的法国的画面同 1755 年另外一位诗人旅行家所描绘的法国的画面做一对比。这位诗人和华兹华斯一样,也是几乎身无分文地徒步穿越了法国,因此他能真正了解法国普通人民的生活:①

> 我找寻更加友善的天地,那儿统治
> 更加温良;法兰西展现了一片明媚的天地。
> 这是一片乐土,充满欢笑,交往友善,
> 全世界无论谁在这里都会开心愉悦,
> 除了欢唱的卢瓦河,我又如何能用苍白无力的管笛之声,
> 引导你们欢快地唱诗呢?
>
> 古时的贵妇们
> 带领着她们的孩子们穿行在欢乐的海洋中
> 而学识渊博的爷爷
> 也以百倍的精神兴高采烈地跳跃着。
>
> 这篇无忧无虑的土地上展现出如此一副幸福的场景,
> 繁琐无聊的事务似乎和他们的世界无关;

---

① 对比约翰·穆勒对其青年时期在"大陆(即法兰西)生活过一年,享受着那里自由而友善的气氛"而获得的益处的高度评价。约翰·穆勒还将"法国人在个人交往之中所具有的坦诚与友善同英格兰人彼此防范的风尚"进行了对比,"在英格兰,人与人的交往就仿佛对方是死敌或讨厌的家伙。"Mill, *Autobiography*, pp. 58,60.

> 他们的世界里似乎只有人与人相互亲密的艺术,
> 因为荣誉成为了那里社会的氛围。
> 荣誉,那是真正的美德所赢得的赞誉,
> 是人们所获得的最有价值之物。

24
> 人们手牵着手,欢愉之情在四处流动;
> 它在整个国家中璀璨地流传着:
> 从官廷到军营,一直到乡村小屋,
> 所有人都不吝交口称赞;
> 他们乐于给予尊重,
> 直到他们达到所想要的至福。①

　　1755年的法兰西对于戈尔德史密斯(Goldsmith)的魅力在于法国人有同情心这一特点,这点与1790年法国之于华兹华斯的魅力是一样的。这种分享社交情感的能力能够部分地解释大革命这场戏剧中最高贵、同时也包括最恐怖的几个转瞬即逝的场景。显然,华兹华斯本人完全沉浸在联邦节那种慷慨的、无拘无束的气氛中。年纪带给了他许多经历与智慧。但是,对许多现在的华兹华斯的崇拜者们来说,如果他们把华兹华斯看作是一个宣扬和平的人,是一个寂静主义者,是一个神秘主义者,那么他们就误解了他们的先知了。他们没有意识到,华兹华斯自始至终都是一个乐观主义者,甚至在明显的保守精神的掩饰下,他也是一个革命者。只

---

① *The Traveller*, Goldsmith's Works, ii. 46, 47.

第二章 华兹华斯对法国的了解

要法国仍然是自由的捍卫者,华兹华斯就永远不会抛弃她。他从未从根本上放弃联邦节所激起的希望。他的强烈期望只受到两种信念的制约:他

> 绝对不能容忍,本该统治的
> 最优秀者,却没有统治。①

此外,他坚定地相信,

> 世界上只存在一个伟大的共同体:
> 高贵的生者和高贵的死者。②

如何解释革命的黎明所激发出的这种强烈的愉悦之情和无限的希望呢?有两个历史环境可以解释这种情况。首先,从1789年人们各自的经历中可以知道,欧洲大陆被严苛的制度[至少就法国而言,这些制度被称为旧制度(*ancien regime*)]压迫着,并且无论这些制度的起源如何,在早期曾经起到过何等功用,它们都令各个阶级的人们无法忍受。英格兰人尤其认为波旁王朝的专制统治是对全世界的诅咒。事实上,比起其他大陆国家而言,法国的统治还算开明,但是对于我们的先辈们来说,法国似乎就是整个专制体系的中心与支柱。③ 他们对法国专制政府的恶行更加敏感,因为从

---

① Hutchinson, p. 712.
② Hutchinson, p. 733.
③ 参见 Goldsmith, Works, iii. *Citizen of the World*, Letter iv, pp. 10, 11。

路易十四起,法国就意味着对清教徒的迫害,意味着对不列颠帝国扩张的抵制。1789年,一些众人皆知,或者人们普遍坚信的事实使整个欧洲几乎所有开明的人士都为三级会议的召开以及巴士底狱被攻陷欢呼雀跃。但是,过去的那些信念,如果和20世纪的观念不一致,它们早已经被人们遗忘了;而我们当前没有意识到,1789年的那些人根本无法预见法国大革命的走向,这就好比今天即便是最明智的英格兰人也无法预见眼前的一些时间会对1917年到1927年的世界历史产生什么样的影响。第二个历史环境就是1789年普遍流行的对自然善好、人民的德行的信念,以及认为人民的声音就是上帝的声音的信念。

简要地阐述1789年华兹华斯以及他同时代许多著名人士所持有的情感的强度以及持续时间的长短是有价值的。这种描述可以作为一项有说服力的且合法的证据,因为它可以明确表明,有一项信念或情感直到19世纪末都在对欧洲的公共生活产生巨大的影响,而今天任何明智的英格兰思想家几乎都不可能接受这种信念或情感。

在革命爆发前几年,开明而满怀希望的人们都和寇柏①一样,认为世界所需要的就是自由。

1785年,大约就在三级会议召开的四年前,奥尔尼(Olney)的宗教隐修者就带着几乎先知般的先见强烈地谴责巴士底狱的不正义、残酷和恐怖。而在英格兰的自由公民们看来,巴士底狱就是法国专制主义的典型代表:

---

① 参见前文第12页。实事求是地说(尽管也许略微有些不准确),寇柏是一位天生的辉格党人,并且自始至终都是辉格党人。

第二章 华兹华斯对法国的了解

它是人类的羞耻,对于法兰西,
相较于其所有失败,它都更加可憎。
无论是古老的还是新近的,无论是海洋还是陆地,
她的监牢,比古代上帝为报复法老
而设的,更加可怖——这就是巴士底狱。
这些令人绝望的地牢与监室
一代代的君主们却从中听到
动人的歌声,它们满足了这些主权者们的耳朵,
那就是悲惨的人们所发出的呼喊与呻吟!

没有一个英国人的内心不会为
听到巴士底狱被攻陷而欢呼雀跃;
不会为知晓我们的敌人,常常在铸造
奴役我们的枷锁,而他们自己却获得了自由而高兴。①

---

① Cowper's *Poetical Works*, ii. 140. 对比华兹华斯,*The Excursion*, Hutchinson, p.796。当巴士底狱被攻陷时,人们在监狱围墙内发现了不到六七位无关紧要的人;同时在路易十六统治时期,国王几乎没有肆意地使用监禁的权力,这也是不争的事实;但是,这些事实都并不会实质性地损害寇柏的诗句的力量与重要性。艾昂骑士(Chivalier D'Eon)的传奇与遭受的冤屈在今天看来已经不再重要,只不过是罗杰·蒂奇伯恩(Roger Tichborne)设下的骗局。但是艾昂骑士的故事证明,在路易十六温和的统治时期以及三级会议召开的11年内,一位正直勇敢的官员、一位著名的外交家会因为某些未知的罪行,不经审判就要遭受惩罚与羞辱,而这样的惩罚与羞辱即便是在东方专制主义国家残暴的酷刑折磨也是难以匹敌的。而且值得注意的是,在三级会议召开之后,国王仍然不愿意放弃通过监禁令(*lettres de cachet*)实施的权力。(Dicey, *Law of Constitution*, 8th ed. p.187.)

1789年7月30日,关于攻陷巴士底狱,福克斯写道:"这是世界上有史以来最伟大的事件,也是最正义的事件。"在《序曲》中,华兹华斯论及自己对于大革命的感受时,他写道:

> 我们也从自己心灵的憧憬中
> 受到激奋。最后,我们也看到
> 一个民族为我们所幻见的一切
> 提供了活的证据:他们挣脱
> 耻辱,从低愚无能的深潭中站起,
> 如银光初射的启明星。我们满怀
> 喜悦,审视他们的品德,看到
> 最粗朴的人才有最坚强的牺牲精神;
> 还有无私的爱、自制力以及正义感,
> 斗争越激烈,这些越显而易见。①

甚至在明智而严肃的人们中间,恐怖统治中最可怕的悲剧都没有压抑他们对人民的政治激情的信任。在1830年,最令人尊敬的辉格党人在7月的日子里可能几乎无法表达足够的喜悦,并且在同一年中,最严肃同时也是最令人尊敬的功利主义圣徒写道:

"法兰西!光荣的法兰西!自从基督复活以来,是否还有过一周比国家复兴的那一周对人类许诺了如此丰富的福祉?它将在何

---

① Hutchinson, p.715.[译文采用丁宏为译诗,参见华兹华斯,《序曲或一位诗人心灵的成长》(第十卷),丁宏为译,中国对外翻译出版公司1997年版,第246页。——译者]

第二章 华兹华斯对法国的了解

处终结?这活力充沛的冲击波必定将向尼德兰、西班牙和意大利奔涌。当这场革命与历史中的任何一个时期相比时,它都以一种鼓舞人心的力量展现出现代的特征和思想。整个斗争是以一种大公无私的精神为指导的,我对这点尤其印象深刻。这样一个民族必定应当配得上享受宗教真理的荣耀。"①

1848年2月24日的革命将不知悔恨与不受尊敬的路易·菲利普送上了流放的道路。从一开始,托克维尔坚持认为,暴民们的罪恶一项也没有减少,却没有学会任何一项新的美德,他们自身便证明了自己不配享有自由。但是他的朋友中最杰出的一位——安培(Ampere)坚持认为,奥尔良王朝的毁灭是自由的胜利。托克维尔更进一步地以其冷峻的幽默注意到,在那些最忠实的民主派中,有许多人愚蠢、荒谬地信任人民。5月15日,巴黎的暴民冲进国民大会,试图用武力解散国民大会,要不是国民卫队及时赶到,他们很可能会杀害国民大会的成员。6月26日,在军队和巴黎的工人之间爆发了一场暴乱,这场暴乱甚至直到今天也仍然是巴黎街道上所爆发的最为严重的战斗。在这两次暴行期间,临时政府在巴黎市中心举行了一场和谐盛会。一位头脑简单的民主派人士对托克维尔说:"相信我,我亲爱的伙计,你必须相信人民。"托克维尔针锋相对地回答道:"你为什么不在5月15日事件之前告诉我这点?"②甚至直到1870年,忠实而明智的民主派仍然认为,宣布建立共和国不仅是政治上的明智之举(事实上也确实有可能是),而且

---

① 詹姆斯·马蒂诺致友人的一封书信,1830年9月9日。参见 James Martineau, *Theologian and Teacher*, p. 67(n.), by J. Estlin Carpenter。

② 参见 Tocqueville, *Souvenirs*, p. 196。

同时还可能赋予法兰西无穷的神秘力量,抵抗德意志侵略者。对于别国的公民所拥有的这种对于民主近乎迷信般的信念,英格兰人也无权加以指责。在英格兰还有其他地方,值得尊敬的政治家们也都认为对于人民的信任是政治智慧最基本的要求。

　　关于民众的情感,至少有两种情况应当受到比当前更多的关注。① 其一是,广泛流行的普遍情感很可能在很短的时间内将民众的品德提升到高于其一般水平之上,或将其降低到一般水平之下。甚至1792年9月令人厌恶的屠杀也能证实这种同情情感的作用。沾满鲜血的刽子手一个接着一个地屠杀那些没有犯下任何罪行的无辜者。然而,有时候某个男子或某个妇女又会由于偶然或巧妙的手段而通过最令人厌恶的临时法庭被宣告无罪。在极少的这种情况下,被宣告无罪的人会像凯旋的英雄一样被这些暴民们簇拥着回家,尽管这些人也完全有可能依据相反的判决毫不怜悯地把他杀死。这些雇来的刽子手起初还鄙视沦为窃贼,但是据说,残存的这点良知很快也消失得无影无踪。无论如何,人们承认,受到道德激情影响的群众很可能是被情感而不是个人利益指引的;这点很有可能是对暴民偶然表现出来的美德的过度信任的主要原因。第二种值得注意的情况是,对政治改革,尤其是宪政改革所具有的有益后果的过分信任同对人民美德的过度信任紧密联系在一起。现在我们假设,人民群众,尤其是穷苦人民,本质上都是善良的,而接着从这个假设中会自然(如果不是必然的话)地产

---

① 在群情激昂的时期,宗教狂热与政治狂热之间存在密切的相似性。例如在英格兰共和国时期,这两种热情有可能被不加区别地混淆在一起。狂热本身并非伪善。它是一种强烈的情感或信念,并且常常使人处于日常的道德水准之上或之下。

生一个奇怪的结果。例如,当事态不如人意,民主派似乎就会认为,本质善良的人们肯定是被国王、贵族和教士们腐化了。同时人们还会进一步认为,赋予每个公民完全的政治权利——例如给予他们一人一票——是一种最可靠的手段,可以恢复人类的幸福与正义,使其符合自然的意愿。

华兹华斯关于同米歇尔·德·博普伊(Michel de Beaupuy)之间一段对话的论述有趣地描述了由大革命的黎明所激起的希望的特点和强度。博普伊是华兹华斯1792年在布洛瓦结识的一位好朋友。在驻扎在布洛瓦城的军队军官中,几乎只有博普伊将军一人是一名热忱的共和主义者。在华兹华斯看来,他就像普鲁塔克笔下的英雄。许多年后,在保卫法兰西的战役中,他牺牲了。他是一位拥有伟大人格魅力的人,激起或强化了华兹华斯天然的并且也可以说是古典的共和主义精神。这两位朋友

> 有一天我们碰见一个饥饿的姑娘,
> 臂上有绳系着一头牛,她跟在后面
> 拖着沉重的脚步,那牛在小巷里
> 到处低头寻找吃的,姑娘的苍白双手忙着
> 织着活,然而心不在那里,
> 神情凄凉。这景象激动了我的朋友,
> 他说:"正是为了反对这类事
> 我们才战斗的。"同他一样,我相信
> 现在升起了一种仁慈精神
> 什么也挡不住它,将在短期内

> 使这样悲惨的穷困不再存在,
> 我们将看见大地无阻碍地
> 实现它的意愿,用产品去报偿
> 温顺的、卑微的、有耐心的劳动儿女。
> 一切排斥性的规定永远废止,
> 浮华的典礼、淫佚的制度、残酷的权力,
> 不论谁建立的,独夫或是寡头,
> 一律取消,而最后,
> 最高最重要的一点是:
> 让人民用他们强有力的手
> 创制自己的法律,全人类的
> 美好日子将从此开始。①

  这些诗句孕育并明确地阐明了 1789 年共和主义或民主信念的含义。博普伊是一位共和主义者。我们也许还可以推测,他和华兹华斯一样都是吉伦特派。当然,他不仅希望给予人民大众广泛的政治权利,同时还希望使他们免受贫穷与匮乏之害。在这点上,"这有悖于我们为之斗争的目标"这句诗至关重要。换言之,他不仅是一位共和主义者,同时还是一位社会主义者(尽管他自己也许并不知道)。但是,他试图用从上到下改革社会的手段显然就是推翻特权与专断的权力,以及最重要的是,在制定法律的过程中,

---

  ① Hutchinson, p.717.(译文采用王佐良译诗,参见钱青主编,《英国 19 世纪文学史》,外语教学与研究出版社 2005 年版,第 34 页。——译者)

第二章 华兹华斯对法国的了解

让人民充分地参与其中。他希望通过这两项变革给全人类带来光明与希望。换言之,在1792年,博普伊和华兹华斯都是民主派,他们希望通过得到狂热的个人主义者们支持的手段实现各种社会主义式的改革。并且按照现代的标准来说,他们的立场的这种特点事实上也是吉伦特派和雅各宾派都具有的,是1789年到1792年领导法国大革命的革命者和改革者们身上都具有的特点。他们无不希望"看到世界不会阻挠她的意愿,去补偿那些温顺、低微和病态的困难的孩子们",换言之,即希望能够推翻人类的不公正,并将想象的自然的平等赋予全人类。但是他们并非自觉的社会主义者。他们至少在理论上是彻底的个人主义者。作为立法者,他们完全承认财产权是一项天赋的权利[①],即一项神圣的权利,应当获得充分的尊重。然而,他们也希望推行一些改革,能够带来全人类的欢乐与幸福。[②]

这就是革命信念的矛盾之处。人们相信,废除所有特权以及给与或恢复所有公民完全的政治权利,尤其是那些包括财产权在内的自然权利(它们是神圣、不可侵犯的),[③]能够创造一个新天地。这个新天地完全合乎自然,自然的仁慈与善意只是由于社会

---

① 参见《人权宣言》,1791年9月3日宪法第17条;1793年2月15、16日吉伦特派宪法第1条;1793年雅各宾党人宪法,尤其参见《人权宣言》第1、2条;1795年宪法,《人权宣言》第3条。

② 法兰西共和国的历法表明,狂热的改革者试图在法国开启一种崭新的政府体系。这件事情的可笑之处在于,法国人原本主要是出于气候的考虑而为一年中的各个月份发明了新的名字,但是这套历法体系除了能在法国被采用之外,没有被其他任何国家采用,并且它完全不适合于地球的另外一面。

③ 对比1791年9月3日《人权宣言》序言第2、16、17条。

的恶而受到了阻遏,而社会的恶反过来又是由于人们遗忘或蔑视人类的自然权利而导致的。然而,现在我们大家都知道,至少人类所遭受的某些恶是和事物的本性与人类自身本性的弱点(更不用说邪恶)密切相连的。在1789年,这个事实却不为博普伊作为其高贵代表的一类人所了解到。①

二、9月的大屠杀与恐怖统治

1791年11月,华兹华斯再次造访法国,并且一直待到了1792年12月。即便是一名外国人肯定也已经发现,从联邦节那一天开始,在不到一年的时间里,幸福与欢乐的时代已经一去不复返,整个国家被激情所吞噬。事实上,国王已经接受了1791年9月3日宪法。他至少在名义上,并且在一定程度上也成为执行机关事实上的首脑。因此,对于1791年底或1792年初的巴黎的状况,华兹华斯是这样描述的:

> 无论在
> 国民会议还是雅各宾俱乐部,
> 这两个革命之声鼎沸的大厅中,
> 我看到革命的势力如抛锚的海船,
> 在风暴中东摇西荡。在巨大的奥尔良宫中,
> 我穿行一道道拱廊,如绕圈子的小船,

---

① 这点似乎暗示,华兹华斯甚至在临终前都依然对自然怀有信念,而这个特点是大部分现代思想家们并不具备的。

第二章　华兹华斯对法国的了解

>　　游经接连成串的酒店、妓院、
>　　赌场、商店——汇集恶痞与精英的
>　　胜地,各类有无目的者前来
>　　游逛的庭院。我睁大眼睛,以异国人的
>　　耳朵倾听小贩的叫卖和演说家的
>　　阔论——一篇疯狂的喧噪! 还有
>　　频作嘘声的派别中人,都眼神
>　　炽热;或三五成群,或成双结伴,
>　　或孑然一身。各种希望的表情,
>　　或抑制不住的疑惑与恐惧,全在
>　　此处流露,而我细读着每一张脸,
>　　每一种愤怒、懊恼、轻蔑的姿态——
>　　都不能自控,似结成一伙,像要
>　　压倒近旁的欢愉和落伍的闲趣。①

　　再没有更好的诗句能准确地描绘革命的巴黎。人们应当注意到,在激情澎湃的人民群众中,希望和怀疑、恐惧混合在一起。

　　华兹华斯在1791年底或1792年初离开了巴黎。他在布洛瓦待了一段时间,并结识了许多军官。当时布洛瓦驻扎了许多士兵。

---

　　① Hutchinson,p.710.[华兹华斯,《序曲或一位诗人心灵的成长》(第十卷),丁宏为译,中国对外翻译出版公司1997年版,第234页。——译者]

当时与我交往的,主要是些
驻扎城内的军官,有几个见惯了
战场的刀光剑影,所有人都出身
名门:法兰西的贵族。这批军官
虽性格各异,年龄不一,但同样的
精神支配这每个人的内心:(只一人
除外,后面会提到他的名字)
全都决心恢复被破坏的原状,
这是他们的依托,是唯一的心愿。
由于这些,他们并不惧怕
坏事变得更糟,因为在他们
看来,最糟的已经来临;也不会有
任何事物使他们兴奋,或能让
他们感到值得兴奋,除非
事件的剧情顺愿遂心。
……
此间
那群与我来往的军官们做着
战斗准备,意欲增员在莱茵河畔
武装集结的境外侨民,并联合
随时准备参战的外国敌兵。
这是他们的目的,并未隐瞒;
他们怀着十足的渴望,等待

第二章　华兹华斯对法国的了解

机会,开拔前线。①

但是,在驻扎在布洛瓦的军官中就有我们前文②提到过的、后来战死了的米歇尔·德·博普伊:

为了自由,为抗击
被蒙骗的同胞。但这也是他的福分,
因为毕竟没有看到日后国人的
恶运,也看不到我们——这些满腔
热忱一如当年的人——今日的见闻。③

这幅图景清楚地描绘了从1790年7月的联邦节到1792年年初或年中法国发生的可怕变化。它能带给人们一些思考。军队中的贵族"依据时势""屈从于毁灭",同外国的敌人结盟,而共和主义者博普伊则时刻准备着为法国的独立誓死战斗。它们之间的对比标志着整个国家信念与理想的分歧。共和主义者在当时只占法国民众的很小一部分,诸如博普伊这样的共和主义者代表了法国的爱国主义精神,而反动的贵族则只是他们的国家的背叛者。此外,在军队的军官中,国王还有许多热诚的支持者在身后支持自己,并

---

① Hutchinson,pp.711,712.[华兹华斯,《序曲或一位诗人心灵的成长》(第十卷),丁宏为译,中国对外翻译出版公司1997年版,第236—239页。——译者]
② 参见前文第30页。
③ Hutchinson,pp.715,716.[华兹华斯,《序曲或一位诗人心灵的成长》(第十卷),丁宏为译,中国对外翻译出版公司1997年版,第248页。——译者]

且甚至在1791年的时候大部分法国人都还乐于看到国家所期望的改革能够由国王主导实施。这些事实表明,如果路易十六拥有国王真正的美德,他也许是能够成功捍卫自己的王冠的。所谓的历史宿命通常只是一个假象。革命运动作为一个整体也许是不可避免的。但是这并不能证明,当时法国的革命运动所发生的灾难性转向不能通过国王明智的引导而加以避免。当然,谁都无法期待一个国家的统治者——无论是国王、总统还是首相——通常都是一个无与伦比的天才。如果路易拥有乔治三世般顽强的勇气、狡猾的计谋,或展现出某种类似于维克多·伊曼纽尔(Victor Emmanuel)般同情民众的渴望,乐于听从比自己更有能耐的大臣们的意见,那么路易可能在身后留下英雄的美名,而不会成为革命的牺牲品。在路易十五去世时王权本身就已经奄奄一息了,这只是卡莱尔(Carlyle)灌输的一个教条。而拿破仑的军事专政以及他长久以来一直受到民众欢迎的传统能够证明,在18世纪末,共和主义精神还未在法国生根。① 无论如何,"逃亡"政策不仅说明了缺乏共识,同时也说明贵族缺少爱国精神。② 这点华兹华斯在之前的诗文中已经指出了,并且无疑是带着愤慨的心情。抛弃法国

---

① "如果当时登基的是亨利四世或者弗里德里克大帝,或者路易十六得到黎塞留、皮特、加富尔或俾斯麦这样的栋梁之臣,法国很可能就不会陷入无政府的泥潭中。" Lecky, *Hist. of England*, v, p. 441. 莱基这里低估了他的话对于历史宿命论所具有的力量。事实上,路易十六虽然拥有一些私人美德,但是丝毫没有展现出作为国王的任何一项才能。可以想象的是,路易十八虽然没有什么值得人们钦慕的,但是他在1789年也许会比他愚钝无能的长兄更好地保卫王位而战。关于路易十六的性格,参见 Belloc, *The French Revolution*, pp. 37-45。

② 参见前文第34页。

以及同外国侵略者联盟这两点产生了两方面的影响:一方面,它们立竿见影地削弱了王室的力量,减弱了保王党人对国王的支持,而另一方面,它使逃亡者与(他们为之战斗的)国王都背上了试图通过外国武装力量来恢复王权的不可原谅的骂名。

我们可以同华兹华斯一起感同身受地理解一下他在描述这样一场危机时的复杂心情:

> 哎,该嘲笑那些以现有之境况
> 描绘未来图景的文章!

同时,我们也很能理解:

> 这片土地到处充溢着
> 激情,如蝗虫肆虐的原野,——卡拉,
> 戈尔萨,——加上成百个其他的名字,
> 虽已被遗忘,再不会传扬,但都曾有
> 魔力,如接连的地震,日复一日的
> 震波触及城乡的每一个角落。①

1792年10月,9月的大屠杀发生一个多月之后,华兹华斯就回到了巴黎。王权在8月10日已经坍塌。国王自己、王后、王室

---

① Hutchinson, p.712. [华兹华斯,《序曲或一位诗人心灵的成长》(第十卷),丁宏为译,中国对外翻译出版公司1997年版,第238页。——译者]

38 都被囚禁了。通过雇佣来的流氓对手无寸铁、没有犯下任何罪行的囚犯进行有预谋的屠杀，已经引起了文明世界的激烈谴责。刽子手们不间断地工作了五天五夜。立法会议一直都在召开。然而，无论是"正义者罗兰"(Roland the just)的正直还是丹东(Danton)毫无疑问的勇敢以及(某种程度上可疑的)人道或善意都未能阻止屠杀，甚至他们冒着自己的生命危险也没能阻止卑鄙的刽子手们的杀戮。我们现在已经弄清楚了，这些刽子手不会超过150人。据悉，屠杀是马拉(Marat)预谋好的。然而，他也许至少可以以自己几乎就是一个疯子为借口作为开脱。退一步说，任何人几乎都很难相信，丹东没有默许这种屠杀政策。他认为这项政策也许可以恐吓住法国的敌人，因而理所当然地能够增强他所领导的共和主义者的力量。① 我们想要了解的是，这些可怕的罪行对

39 像华兹华斯这么一位人道、智慧和有良知的人会造成怎样的冲击。对于这个问题，他自己回到巴黎之后写下的诗句做出了回答：

　　　　可悲可叹的暴虐——大屠杀的
　　　　恐怖之作，其间人们竟邀利刃

---

① 关于九月屠杀尤其参见 Quinet, i, pp. 376-391. "丹东同样也屈从于马拉。因为，无论人们多么强调说，丹东九月的那些日子拥有极大的影响，事实是他并非这一观念的始作俑者。他服从、服务且手上沾染着洗脱不掉的污点；但是着手的并非是他。" Quinet, La Revolution, i, p. 381. 参阅 Taine, La Revolution, ii, 283, 284 和 p. 284, note 1. 如果泰纳是可信的，丹东必须对大屠杀负道德责任这点是毫无疑问的。进一步参阅 H. Belloc, Danton, pp. 185-187. 认为丹东即便想要阻止也无法阻止受雇的刽子手进行四五天的屠杀，这点是令人无法置信的，因为丹东只要指挥一百名武装人员就可以将这些刽子手轻易地逮捕。同时参见 Madelin, La revolution, pp. 254-256。

第二章　华兹华斯对法国的了解

为判官,求助于它的无理性。好在
已是往事,人间永不再流血——
当时确有此念;短命的妖魔,
不会重现,不过是瞬间即逝之物。

我想到九月的屠杀,仅仅
一个月之前的事,就在我眼前,似能
被我触知。其余的画面来自
悲惨的小说或真实的历史、犹存的
记忆与朦胧的预感。马儿学会
规律的步调,最无迹可寻的星辰
也会重蹈覆辙;飓风虽衰竭,
大气又准备着同样猛烈的后续;
退落的潮汐还会离开海中的
隐身处,再次涌起;万物都会
再生,就连地震也不满足于一次的
泄释——就这样,我不断自言自语
直至听到一个声音,似对
全城的人们呼叫:"不要再沉睡了。"
恍惚的神智送出这声音,却随着
这叫喊而清醒,但是,冷静中的见解
也并不能确保我享有轻柔的安宁
与甜蜜的忘却。尽管四下里悄然
无声,都是静谧,但这夜晚

> 却不宜安眠,像一片未曾设防的
> 森林,到处有散漫的老虎游荡。①

对于这些残暴的屠杀,华兹华斯感到极其恐怖。他厌恶这些可怕的屠杀,在这些屠杀中,"麻木的剑被当成法官加以祈祷"。不过,还有两项信念使他不至于完全绝望——国家已经具备了共和国的组织与威名;犯下的罪行都已经成了过去。他希望大地再也不要遭此灾难。它们就像那些转瞬即逝的野兽,只会出现一次,它们只能现身一次,很快就死去了。带着这种希望,他来到了巴黎。对于今天的人来说,这种希望简直就是痴人说梦。而对于华兹华斯以及领导大革命的人中最高贵的人们来说,这种期望却是最为自然的,并且我们也许可以认为是不可避免的。必须知道的是,大屠杀发生的时候,他并不在巴黎。吉伦特派都痛恨大屠杀。这种对于可怖的大屠杀的谴责使他们不可能与丹东结成联盟。很可能人们并不清楚是什么可怕的弱点导致他们未能千方百计地抵抗屠杀,当然这点当时华兹华斯也并不清楚。

因此,他描述了恐怖统治者的权力,以及恐怖统治的过程:

> 在法国,人们欢迎这新的敌手②,
> 他们为了孤注一掷,已经
> 根除了心中的仁慈。先前善于

---

① Hutchinson, pp. 718, 719. [华兹华斯,《序曲或一位诗人心灵的成长》(第十卷),丁宏为译,中国对外翻译出版公司1997年版,第261—263页,略有改动。——译者]

② 敌手即指已向法国开战的英格兰。

第二章 华兹华斯对法国的了解

诡辩的暴君,如今都强大如魔鬼。
就这样,四面的敌军使他们群情
激昂,整个国家都变得疯狂。
少数人的罪过扩散成多数人的狂热,
来自地狱的风暴变得神圣,
好像是天堂的和风。有些人笃信
天意,从不怀疑因果天罚;
有的将人类理性奉为至尊,
视其为自己的上帝;有些人着眼于
未来,甘愿以短暂的痛苦换来
万世的极乐;还有正义者的严肃、
狂傲者的暴怒、好事之徒轻飘飘的
虚荣、怀疑之人的固执人性、
不知谨言慎行者频有的过错,
以及生命中所有的偶然与不测——
全都被卷入同一种事业,全都
忙于同一个使命。惊吓中,参议院
已麻木,她的谨慎被遏制,智慧
被压灭,公正再也不敢开口,只有
狂徒不甘寂寞,歌颂过去的
暴行,并为新的铺平道路,
无人敢反对,无以缓和其程度。
其国内的屠杀开始,整整一年,
每一天都似节日的狂欢。壁炉边的老人,

> 恋人怀中的少女,
> 婴儿摇篮旁的母亲,
> 战场上的勇士——全都死掉了,
> 死掉了——朋友、敌人,不同的党派、
> 年龄、阶层,一个接一个的头颅,
> 头颅再多也不能让审判者满足。
> ……
> 在这罪恶的渊薮中,即使
> 有头脑的人们也常常忘记今天的
> 生活来自何方,忘记耳边
> 曾响起自由神巡游人间的脚步。
> 然而,一切罪恶都借用她那
> 清白的威名。否则,没有这神圣的
> 名义,也不会发生这暴虐。①

这些诗句是对雅各宾专政的概述;它们有着丰富的含义。这里非常值得仔细地思考华兹华斯对恐怖统治的回忆所能提出并部分地加以回答的几个问题。

首先,他的描述是否存在某些夸张的成分?

这个问题的答案绝对是否定的。为了支持我们的看法,请允许我引用两段莫尔斯·斯蒂芬(Morse Stephens)所著《法国革命史》

---

① Hutchison, p. 723. [华兹华斯,《序曲或一位诗人心灵的成长》(第十卷),丁宏为译,中国对外翻译出版公司1997年版,第272—274页,略有改动。——译者]

(*The French Revolution*)中的两段文字。其中一段文字谈到了在巴黎依据革命法庭做出的裁判而进行的屠杀,另一段文字谈到了恐怖统治在巴黎之外所产生的影响。

从 1793 年 4 月 15 日第一位受害者布兰歇朗德(Blanchelande)去世开始,直到 9 月底,在长达 24 周的期间内,革命法庭判处了 66 个人死刑,并且每周执刑将近 3 人。从(1794 年)6 月 9 日(牧月 21 日)开始,在一段持续达 36 周的期间内,有 1 165 个人被判处死刑,并被执刑了,平均每周处决超过 32 个人。并且,处决的人数是逐渐增加的,而不是突然间增加的。对于这点,每个月的数据可以加以证明。更加令人吃惊的是,在牧月 22 日(6 月 19 日)到热月 9 日(7 月 27 日)的 7 周时间内,有 1 376 个人被送上断头台,平均每周处决的人数超过了 196 人。对这些数据进行评论实在是多此一举;这些数字本身就表明了恐怖统治是如何一天天日趋严峻的,并且能够表明,恐怖统治最终达到了何等残暴的程度。①

总之,恐怖统治在各个行省的情况各不相同,有些地区和城市恐怖统治非常严重,而有些则没有那么严重。贝利亚特·圣普里克斯(Berriat Saint-Prix)先生给出,被

---

① Morse Stephens, *The French Revolution*, ii, p.548.

送上断头台、被"溺死"(noyades)和"被枪扫射"处决的人数就达到了16 000人。不过这个数字并不可靠,因为通过后两种方式遭到处决的人数是无法统计的,因为这种集体性(en mass)的行刑方式使得人们无法统计死亡人数。同时他还粗略地计入了许多在围攻里昂和马赛两座城市中牺牲的人们,他们是在战争中死去的,因而当然也就不是屠杀的受害者。瓦隆(Wallon)先生和圣普里克斯先生一样,也是用一种全然反对代表委员的论调写作的。不过,他的判断总体上是准确的,他认为在罗伯斯庇尔垮台之前,行省中一共有14 807个人被判处死刑,罗伯斯庇尔垮台后还有326人被判处死刑。①

我们无需再做任何评论。华兹华斯对于恐怖统治高度浓缩且准确的描述也无需再通过引用泰纳(Taine)②和魁奈(Quinet)③的著作中丰富的辩护词(pieces justificatives)加以佐证。

其次,恐怖统治的原因是什么?

从历史的角度来看,华兹华斯的伟大贡献在于,他迫使我们发现恐怖统治的原因非常复杂。我们必须考虑到一些"像魔鬼一样强大的"僭主的野心,考虑到"从地狱吹袭来的风暴,就像从天堂吹

---

① Morse Stephens, *The French Revolution*, ii, p. 411.
② 参见 Taine, *La France Contemporaine*, *La Revolution*, ii 以及 iii。
③ 参见 Quinet, *La Revolution*, ii, 尤其参阅第132—342页。我十分信赖我的朋友莫尔斯·斯蒂芬的观点。他的著作对革命史有着真切的了解,阅读过其作品的人都知道,他绝不可能过于严厉地谴责恐怖统治者及其政策。

来的微风",考虑到正义的严苛性,考虑到那些渴望着"报复性惩罚"的狂热分子的激情,考虑到乐观主义者乐于用短暂的痛苦换来永世的至福,考虑到一些野蛮的人盲目的愤怒,考虑到阴谋家们的空虚,考虑到生活中万千的意外。所有这些因素统统联合在一起推动了这一出残酷无情且恐怖的惨剧上演。

同时,他还以政治家般的智慧明确地指出了一个事实。这个事实在现在所有公正的历史学家们看来,都能成为恐怖统治最重要的解释,尽管它不能证明恐怖统治是合法的。这个事实就是外国军队对法国的入侵。侵略者的胜利威胁到了法国的独立,并且很有可能导致法国被肢解。1789年,法国的爱国主义精神赋予了法国政府全新的力量(这种做法在法国历史上绝非第一次,也绝不会是最后一次),使其能够全身心地抵抗侵略者,而不论这个政府犯下了何等罪恶,背负着何种罪名。外国入侵者得到了反动势力的支持,试图以此恢复旧制度中最糟糕的一些特点。

第三,为什么法国人都默许恐怖统治?

对这个问题的解释是异常复杂的。因为,显而易见的是,在整个大革命期间,法国共和主义者只构成法国人民中很小的一部分;而事实上,恐怖统治从其产生那一刻起到它消亡的那一天,无不遭到大部分法国人的痛恨。对于这个问题,华兹华斯为我们提供了两个答案。这两个答案尽管并非完全是真理,但在一定程度上都是真实的。首先,只要战争存在,渴望推翻雅各宾专政的人们就无法攻击巴黎的僭主而不削弱法国的军队,使国门向普鲁士、奥地利和英格兰的军队洞开。因此,恐怖统治者一日日地变成像魔鬼一样强大，而其反对者则日渐失去了抵抗的力量。任何一个反对恐怖统治的人都会被看作是反对国家的敌人。拉法耶特（Lafayette）终其一生都是热爱自由的共和主义者们崇拜的偶像，他想要扮演华盛顿一样的角色；杜穆里埃（Dumouriez）是一位经验丰富的将军，一位狡猾的外交家，他天真地想要获取得到等待着拿破仑的位置的机会；丹东在许多作家眼里是革命者中的政治家；吉伦特派，他们长于在议会中发表华丽的演说，脑子里总是充满着各式道德理想。所有这些人，当他们攻击雅各宾专政者时，无不遭到人民的痛恨，随之失败，被毁灭，并且在大多数情况下都丢掉了性命。当罗伯斯庇尔最终被成功地打败，并且丢掉了权力与性命之后，攻击他人必须誓言坚决抵抗外国侵略者，并且确实值得注意的是，外国侵略者获得成功的危险在一日日减少。除非法国能够获得安全，试图终结恐怖统治的人就无法摆脱以下担忧的折磨，即巴黎专制的解体有可能意味着法国的失败与被毁灭。被罗伯斯庇尔送到革命法庭加以审判的那些人的叛国指控毫无疑问是捏造的，是毫无根据的，但是他们中最勇敢的人，例如丹东，当他们被簇拥着的群众当成叛徒时，他一定会感到虚弱无力。

  其次，华兹华斯事实上看到并且指出恐怖统治的原因正像法国正在遭受的各种悲痛一样，不应当在当前的环境中寻找，而应当在于

> 世世代代
> 积蓄下来的罪孽与愚昧，如巨大的
> 水库，再不能承受那可怕的重负，

第二章 华兹华斯对法国的了解

突然溃决,让大洪水泛滥全国。①

华兹华斯以"虔诚的谦逊"将这些诗句归于他所掌握的古代先知们具有的精神,因此这些诗句可以进行多种解释。然而,无论如何解释,这些诗句都表明,诗人和现代最智慧的那些历史学家们一样凭直觉意识到,恐怖统治的灾难是和过去时代人们所犯下的罪恶紧密联系在一起的。雅各宾派继承了邪恶的传统,并且将古代王权社会中最专制的习惯夸张地加以复兴。② 而令人尊敬的中产阶层在过去已经习惯于对国王百依百顺,因此他们同样会卑微地服从在巴黎获得政府性权威的任何权力。③

值得指出的是,在居留于法国之前,华兹华斯就很可能已经听说并崇拜柏克了。他已经听闻柏克对建立在抽象权利上的制度体系进行的攻击与无情的嘲弄,听闻柏克主张在历史中变得神圣的制度与法律是至高无上的。④

在对于法国方面,华兹华斯比柏克本人更加明智地运用了柏克的历史方法。他清楚地知道,大革命的罪恶是同旧制度的邪恶紧密相联的——这点柏克可能从未正确地理解过。并且,华兹华

---

① Hutchinson, p.725. [华兹华斯,《序曲或一位诗人心灵的成长》(第十卷),丁宏为译,中国对外翻译出版公司 1997 年版,第 278 页。——译者]

② 我们拿起过去的武器来保卫现在。路易十一的铁笼和隐士特里斯坦、黎塞留的脚手架、路易十四大量的流放,这些就是武器的源头。通过恐怖,新时代的人们下意识地就突然变得和旧时代的人们没什么两样。Quinet, La Revolution, ii. 195.

③ 这种传统的屈从性格远无法解释为什么巴黎的人民无法终结或惩罚 9 月的屠杀。

④ 参见下文第 68 页。

斯发现了柏克所忽视的一面(在这点上柏克更加值得原谅),即对法国的独立进行的每一次攻击都能促使法国人团结在雅各宾派周围,这些雅各宾派虽然无比残酷,却是国家的保卫者。

对于法国人默许恐怖统治的另外一项解释可以从戈尔德史密斯(Goldsmith)那儿获得。这点着实奇怪。他完全意识到,爱的共鸣(love of sympathy)既是法国吸引人的魅力同时也是其缺点:

> 它既使法国人犯错同时也使法国人强大;
> 因为人们总是热切地热爱或急切地寻求赞誉,
> 这加强了思想的内在力量。
> 因此,即便自身不幸而软弱的灵魂,
> 也会为他人的幸福而欢欣。
> ……
> 心灵会随着易逝的时尚而动,
> 无法衡量自我赞赏的坚实价值。①

但是,相互感染的恐惧是和相互感染的勇敢一样强大且真实的激情;这种相互感染的热情过去引导了并且正在引导法国军队在战场上获得一次次英勇的胜利;而在恐怖统治期间,在巴黎民众中间(他们中最优秀的人们都投身于反抗武装侵略者的斗争中),由于恐怖统治的压迫以及普鲁士、奥地利的军队一路高歌猛进的情况,这种相互感染的热情可能轻易地转化成相互感染的焦

---

① *The Traveller*,Goldsmith's Works,ii. 47.

虑(sympathetic panic)。

第四,恐怖统治拯救了法国?

这个问题对于20世纪的英格兰人来说根本就不值得提出来。我们现在都将恐怖统治看成是万恶不赦的。这种常识判断是和普通人性的判断相一致的。没人会真正相信九月的大屠杀,或用贝娄(Belloc)直白的语言——"谋杀",能够阻止普鲁士军队向巴黎开进。现在没有一个人会严肃地坚持,将那些根本没有犯下任何罪行的男人、女人,有时候还包括小孩全部处死能够真正地有助于保卫法国。相反,恐怖统治中的每一项恐怖行为都在一些人的头脑中引发了一种厌恶感,他们相信被无辜处决的成百上千人没有为法国,更没有为世界带来任何好处。同样,英格兰人关于恐怖统治的观念主要是从卡莱尔所描述的戏剧性的革命图景中获得的。但是,根据卡莱尔的《法国大革命》一书的一位能力卓著的编辑的观点来看,

> 卡莱尔虽然没有将法国的胜利归因于恐怖统治,但是他将恐怖统治与法国的胜利都归结于同样的原因,因此他就犯了巨大的错误,尽管这是一个不可避免的错误。现代法国历史学家中最伟大的一位(索雷尔)所做的最杰出的贡献就是,他已经证明,法国的胜利尽管出自恐怖统治,但并非源于恐怖统治。①

---

① Carlyle's *The French Revolution*, edited by C. R. Fletcher, pp. 148,149.

无论如何,华兹华斯没有表达过任何支持恐怖统治者的话,也没有为他们的罪行做任何开脱。

三、罗伯斯庇尔的垮台以及它对华兹华斯判断的影响

在一个阳光灿烂的日子里,当时华兹华斯正在湖泊区(Lake country),他听到了罗伯斯庇尔垮台与死亡的消息,他是这样描述自己的心情的:①

> 我欣喜若狂,深深地感激万世
> 永生的正义女神,刚才的宣告
> 证明了她的存在。"黄金时代
> 该你们到来,"我向着空旷的平沙
> 尽情地吟咏胜利的赞歌:来吧,
> 就像黎明走出黑暗的怀抱。
> 今天我能的信念终得到验证:
> 看吧!那些脚笨手拙的狂徒,
> 他们开出了一条血河,并声称

---

① 罗伯斯庇尔的专制权力是法国大革命展现出来的最难以解释的现象之一。人们公认,罗伯斯庇尔在才智上没有什么力量。在这点上,风格迥异的作家们,例如卡莱尔、魁奈、泰纳以及近代作家中的贝洛克,大体上都是一致的。他也缺乏领导者通常具有的勇气。然而,他却深受雅各宾派的崇敬,并且就在其垮台的前夕,还有不少观察者认为罗伯斯庇尔的权力将会是永恒的。至少有一个才智非凡之人坚持这种看法。波拿巴十分善于辨识人的性格,他当时就在法国;他得到罗伯斯庇尔的赏识与庇护。而波拿巴是绝不会让一个即将垮台的人成为自己的庇护人的。而波拿巴当时正与罗伯斯庇尔兄弟往来而使自己的生涯处于危险之中。

第二章 华兹华斯对法国的了解

唯有如此才能清洗奥吉亚斯王的
牛厩,而如今却被自己的帮凶
灭除;他们已证明自己是疯子;
人们将另寻平安之源,世界将以
坚定的步伐迈向公正与和平。①

  这里我们要从《序曲》一书的历史意义转向其作为自传方面的重要性。

  我们必须注意到,即便是华兹华斯对法国产生暂时性的失望也不是由于恐怖统治的结果。对他所信任的吉伦特派展开的司法谋杀也没能动摇他对自由的福祉的信念,这点足以证明华兹华斯智慧而平静的心智。他一刻也未停止过对英格兰与法国之间的战争感到惋惜,只要在他看来英格兰仍然在为反对法国的独立与法国人民的自由而战。甚至雾月 18 日的政变在华兹华斯的心中可能也不会像在一些辉格党人的心中引起那么强烈的愤慨,因为他们都不能像华兹华斯那样彻底地了解法国。直到 1802 年,他仍然在

---

 ① Hutchinson,pp. 726,727. 这首精彩的胜利赞美诗令许多现代的评论家困惑不已。他们无法理解大革命黎明前的欢乐在多大程度上还占据着华兹华斯的想象;他们想知道,大革命的恐怖是否依然使华兹华斯充满希望,认为世界"将以坚定的步伐迈向公正与和平"。然而,华兹华斯满腔的希望事实上只是华兹华斯诗歌力量的一部分,并且这种充满希望的精神也是一种美德,在乱世时期对于那些立志引导人类的人来说具有无可估量的价值。[华兹华斯,《序曲或一位诗人心灵的成长》(第十卷),丁宏为译,中国对外翻译出版公司 1997 年版,第 281—282 页,略有改动。——译者]

> 为波拿巴
> 莫名地悲伤！①

在这点上，他所言不错。他知道，推翻督政府是将法国从个人的独裁之下解放出来，督政府的统治和恐怖统治者的统治一样无法无天、肆意专断与残酷，并且远不如拿破仑那么有能力，能够为法国的安全与繁荣提供保证。他确实将为庆祝青年拿破仑而举行的庆祝仪式的虚幻与联邦节上真正的热烈境况做了对比，并且在加来海岸他写道：

> 我的青春经历过另一种辉煌。
> 可贵的是欢乐中对一切忘情，
> 通过内心自我探求，乐天知命，
> 什么教皇、君主、执政官，
> 全与快乐的娇子不相干。②

但是他对法国的希望（尽管并非他对自由的信念，这点他从未动摇过）不是被波拿巴的政变所动摇的，甚至也不是被波拿巴在国内的独裁统治所动摇的，而是被以下两项事实粉碎的：

> 可这时，法国人自己成为压迫者，

---

① Hutchinson, p. 304.（译文采用谢耀文译诗，参见《华兹华斯抒情诗选》，谢耀文译，译林出版社，1991年版，第191页。——译者）

② 同上。

第二章　华兹华斯对法国的了解

　　将自卫战争变成侵略的远征，
　　全然不顾他们为之奋斗的
　　一切，竟在光天化日之下，爬上
　　自由的天平。①

以及

　　剧终的高潮（如此称呼，
　　因唯有此刻才满足他们的梦想）：
　　为最终结清和确认法国的收益，
　　他们请来教皇，为一个皇帝
　　加冕。这件事是个耻辱——因为
　　我们曾见那民族在诚信中仰望，
　　似期盼上天赐予精神的食粮，
　　此时却学着犬类的样子，竟又食
　　呕吐的东西，——因为那太阳在彩霞中
　　升起，生机勃勃，壮丽的云景
　　是其天然的侍从，伴他欣然
　　移游，而此刻他尽失神赐的功能，
　　变做一件摆设或道具，如剧院中

---

① Hutchinson, p.730.［华兹华斯，《序曲或一位诗人心灵的成长》（第十卷），丁宏为译，中国对外翻译出版公司1997年版，第296—297页。——译者］

悬挂的影像,一头栽落。①

恐怖统治以及整个大革命对华兹华斯的影响是值得注意的。它证明了华兹华斯具有政治家般的冷静头脑以及稳健的判断力。一篇富有洞见的评论文章也指出了这点:"当第一波的革命风暴过去,正是(华兹华斯)警觉的自我控制能力使他能够坚决地防止虚弱在内心滋长,并且防止他的公民的希望的残骸轻易地从外部导致他灰心失望。显而易见,在整个大革命的严厉统治和拿破仑专政时期,他都不仅保持了英雄般的气概,同时也保持了明智的判断。这点是这个国家中任何人都无法企及的,同时在整个欧洲除了一小部分人之外,也很少有人能做到。"②这项评论切中要害。由于一些几近可笑的历史错误(根源于剧烈的党争),一个"在自己身边所有人都失去理智的情况下仍然能保持清醒认识"的 21 岁的年轻人,被认为是一个思想观念摇摆不定的人,并且有时候还几乎被描述成叛徒与变节者。而事实上,在对待法国大革命的方面,华兹华斯的情感几乎从未改变。对那个震撼人心的时代的崇高希望,他深感同情。与他私交颇深的那些政治上的朋友们的垮台与死亡也并没有动摇他崇高的希望,即整个世界正在向着正义与和平迈进。因此,他是带着两项信念离开法国的,这两项信念,他一项都从未实质性地放弃。其一是,正如其他每一个独立的国家一

---

① Hutchinson,p.732.[华兹华斯,《序曲或一位诗人心灵的成长》(第十卷),丁宏为译,中国对外翻译出版公司 1997 年版,第 302 页。——译者]

② *Modern Language Review*,article by Vaughan,vol. xi,pp. 487,488.

样,法国有权利选择她自己的政府形式;其二是,自由国度英格兰没有任何权利纠集欧洲诸王入侵法国领土,迫使法国接受她不愿意接受的政府,并瓜分法国的一部分领土。想要理解1802年华兹华斯的政治家气质的读者都必须将华兹华斯1792年怀抱的这两项不变的信念牢牢记在心中。

第三章　华兹华斯政治信念的发展(1792—1802年)①

1792年底,华兹华斯从法国回到了英格兰。当时,他还是一个22岁不到的青年,在公众中还籍籍无名。在家人眼中,他可能还只是一个聪明伶俐的青年,还未展示出拥有任何职业技能,能够借以为生。他自称是一位共和主义者;而在当时,任何民主分子都会被值得尊敬的英格兰人称为雅各宾党人,并且立马会被怀疑在宗教上不忠诚,是政治上的叛逆之徒。他还无法对公共舆论产生任何影响,但是他对公共事务表现出了强烈的兴趣。1793年,他以"致沃特森主教②的一封信"的形式写了一部精巧的著作——《为法国大革命辩护》(*Apology for the French Revolution*)。沃特森主教虽然不是一名辉格党人,但在他出版的一篇布道词的附录中,他攻击了大革命领导者们的行为与政治原则。这篇《辩护》是一篇充满激情的檄文,它表明华兹华斯在1793年就普遍地接受了

---

①　参见 Acland, *Patriotic Poetry of Wordsworth*, 以及华兹华斯的《论辛特拉协定》,牛津大学出版社1915年再版。(戴雪为该书1915年版写了一篇导言,见本书附录。——译者)

②　参见 Grosart, i, p.3。

第三章 华兹华斯政治信念的发展(1792—1802年)

法国革命者坚持的所有教条。① 正如上文指出,华兹华斯的信念中最坚定的就是他相信法国有权利选择自己所喜好的政府形式,英格兰没有权利在1793年入侵法国,将法国厌恶的政府形式强加到法国身上。华兹华斯终身坚守着这两项信念。1802年,华兹华斯已经31岁了,并且无论是作为诗人还是思想家,他都达到了一个高峰,开始向英格兰公众宣传对法国发动一场无情的战争以推翻拿破仑专政的必要性与迫切性——因为拿破仑专政已经威胁到了英格兰的自由以及当时仍然拥有或宣称拥有独立国家权力的每一个欧洲国家的自由。本章的任务是考察在1793年(英法宣战)到1802年(《亚眠和约》签订)间华兹华斯政治信念的发展过程而非其政治信念的多变性,并解释为什么在1793年谴责英法战争的华兹华斯从1802年开始却不断地、全身心地向英格兰公众宣传对拿破仑战争的必要性与迫切性。拿破仑虽然得到法国人民的支持,却是十足的暴君。

  为了理解华兹华斯的政治理论上根本的连贯性,读者诸君必须牢记以下三项情况:

  第一,1793年2月英法两国正式宣战。

  在华兹华斯看来,在这件事情上,英格兰不仅在政治上犯了错,并且在道德上也是有罪的。在他看来,英格兰显然是与一伙丝

---

① 这本小册子的论调在许多方面来看都是十分审慎的。并且,尽管其论调显然是与柏克相矛盾的,但是华兹华斯有可能在阅读柏克的同时就已经开始下意识地吸收柏克政治哲学中的某些成分了。参见下文第59—70页。《为法国大革命辩护》在华兹华斯生前从未出版。

毫不关心自由的国王们同流合污,他们试图将法国人民拒斥的政府形式强加给法国。有许多证据可以支持华兹华斯的观点。他当然提倡并预见到了自从他的时代起就被英格兰政治家们普遍采纳的做法或规则。他们不止一次地发现了不干涉法国人选择他们自己最适合的政府形式的权利的做法中所包含的智慧。同时,华兹华斯还意识到,敌对势力的军队开进法国会极大地增强恐怖统治者的权力或其他任何成为巴黎统治者的人的权力。皮特公开承认自己不倾向对法宣战,并且他在此后几年中(在 1802 年之前)持续不断地试图同法国和谈。这点也能够最大程度地支持以下观点,即战争应当尽可能地推迟,除非它已明确成为保卫英格兰必不可少的手段。《亚眠和约》本身表明,皮特在 1793 年开启的战争并未实现其目标。拿破仑统治下的法国远比 1793 年革命者们统治下的法国强大。① 然而,诸如皮特这些内阁大臣们早在 1793 年就已经将法国视为一个充满侵略心的国家,一心想要扩张法国的领土,因此他们认为战争是不可避免的也并非毫无理由;否认这点也是不公平的。但是,我们不需要在此确定,在英格兰到底是战争的支持者还是反对者(诸如华兹华斯)总体上是正确的。笔者的直接目的是想要表明,英格兰的宣战对华兹华斯的信念产生了多大的影响。在这个问题上,我们最好还是尽可能地依据华兹华斯描述其自身感受的那些诗句。

　　从大革命一开始,华兹华斯的内心就被法国给赢走了。他坚

---

① 麦考莱的冷静判断(1844 年)实质上同华兹华斯充满激情的洞见是一致的。参见麦考莱论巴列雷(Barere)的论文,*Writings and Speeches* (ed. 1871),第 296—297 页。

信,法国的事业可以促进人类的幸福。因此,在一段时间内,他对英格兰自身的事务丧失了兴趣。因此,他甚至对英格兰人没能成功地废除奴隶制都无动于衷。①

> 因为我带着
> 一个信念回来:如果法兰西的
> 事业一帆风顺,善良人对人性的
> 敬仰就不会总成无功之劳;
> 人类耻辱的这一枝杈虽最为
> 腐朽——似是额外添加的伤痛——
> 但若大树伐倒,它也会一同消亡。②

他依然对自己的祖国保持着冷静的忠诚。

但是英格兰的宣战决定使他内心充满了恐惧与愤怒。关于这一点,他自己的诗句描述得很清楚:

> 哦! 许多事情由他们做出
> 解释——是他们采用暴烈的手段
> 断然夺去了英格兰那些最杰出的
> 青年对英格兰的自豪与喜爱;在这个
> 时代,最悲惨的失败反而易享

---

① 大约是在 1791 年。
② Hutchinson, p. 722. [华兹华斯,《序曲或一位诗人心灵的成长》(第十卷),丁宏为译,中国对外翻译出版公司 1997 年版,第 269—270 页。——译者]

> 最美妙的名分；爱国的本意竟愿
> 恭顺地退让，就像那先锋的所为，
> 尽管是他通报神灵的到来；
> 此时，对古老信念的背弃似乎
> 是为了改信更高的主义；此外，
> 在这个危险而狂乱的季节里，贤明的经验老人居然不加挑选，
> 急于掐下花朵，无论它们在
> 哪排树篱上盛开——织成花冠，
> 竟欲掩饰那鬓发苍苍的容颜。①

对法国的热爱成为华兹华斯内心的激情。对自己祖国的忠诚转变成某种类似于对作为压迫者盟国的英格兰的仇恨之情。华兹华斯的这种情感表达并不强烈：

> 不错，不久后我确曾欢悦，
> 为我灵魂的胜利而欣喜若狂，
> 当成千上万的英国人被击溃，并不光荣地
> 战死疆场，或者——无畏的勇士们！——
> 不顾脸面，望风而逃。②

---

① Hutchinson, p.722.[华兹华斯，《序曲或一位诗人心灵的成长》(第十卷)，丁宏为译，中国对外翻译出版公司1997年版，第271页。——译者]

② 同上。

第三章　华兹华斯政治信念的发展(1792—1802年)

再举一段他在同一个乡村教堂中对自己心情的描写:

当教民们共同
向他们的圣父膜拜,祈祷或赞美
我们国家的胜利,或许只有
我一人闭口不言,坐在那些
普世的礼拜者中,像个没人邀请的
不速之客,而且心存异念,
盼望复仇之日早些到来。①

最后看看华兹华斯对英格兰攻击法国自由的愤慨心情的描写:

我有生以来第一次被赶出爱的
围栏;情感从根子上枯萎、烂掉,
并非似先前那样被更强的感情
吞没,而是都变成与原先对立的
情绪。就这样,我走上通往谬见
和错误结论的道路,与先前的错误
同样严重,却属更危险的类型。②

---

① Hutchinson, p. 722. [华兹华斯,《序曲或一位诗人心灵的成长》(第十卷),丁宏为译,中国对外翻译出版公司 1997 年版,第 271 页。——译者]
② Hutchinson, pp. 729, 730. [华兹华斯,《序曲或一位诗人心灵的成长》(第十卷),丁宏为译,中国对外翻译出版公司 1997 年版,第 295—296 页。——译者]

一方面是对英格兰天生的热爱,另一方面只要法国仍然是自由的捍卫者,华兹华斯就对法国具有强烈的同情。对华兹华斯来说,这两方面激烈的矛盾就是战争的悲剧性之所在。

第二,从无法具体确定时间但很可能是不晚于1798年的某个时候开始,对于华兹华斯来说,法国显然已经不再是民族自由(national liberty)的保卫者,而是其侵犯者了。

> 可这时,法国人自己成为压迫者,
> 将自卫战争变成侵略的远征,
> 全然不顾他们为之奋斗的
> 一切,竟在光天化日之下,爬上
> 自由的天平。①

事实上,华兹华斯一开始就拒绝承认这个不受人欢迎的结论,并且在一段时间内比之前更加强烈地珍视自己过去怀抱的信念。但是,对现实敏锐的洞察力使得他尽管不情愿,但仍然必须接受法国已经不再是为了独立而是为了征服而进行战争了。这种信念从1798年后就随着每一年事态的发展而不断地增强,并且事实上,在1804年巨大的灾难发生之前不久就已经牢固地确立起来了。

---

① Hutchinson, p. 730.[华兹华斯,《序曲或一位诗人心灵的成长》(第十卷),丁宏为译,中国对外翻译出版公司1997年版,第296—297页。——译者]

第三章 华兹华斯政治信念的发展(1792—1802年)

为最终结清和确认法国的收益,
他们请来教皇,为一个皇帝
加冕。①

在这件事情之前,并且是在 1798 年之后不久,当意识到与法国的战争性质已经发生改变时,华兹华斯对英格兰热忱的爱国热情又被唤醒与增强了。写给露西的组诗,无论其写作环境如何,无论是真实还是想象的,无论何种原因促成作者写下这些诗歌,它们都是 1799 年在德意志创作的。我们可以亲身地感受到华兹华斯这些诗句中所表达的对于他的祖国的强烈的热爱之情(尽管并非毫无区别):

我曾经漫游在异邦,
在海的彼岸,与陌生人交往。
英格兰啊,只在那种时光,
我才知道我对你的爱的分量。②

然而,我们应当注意到,自 1800 年之后引导着华兹华斯赞成对法国发动战争的情感并未暗示他对 1793 年到大约 1798 年间法国战争的持续性谴责有所缓和。我们发现,虽然世事变迁,但华兹

---

① Hutchinson,pp. 729,730,732.[华兹华斯,《序曲或一位诗人心灵的成长》(第十卷),丁宏为译,中国对外翻译出版公司 1997 年版,第 296 页。——译者]

② Hutchinson,p. 109.(译文采用谢耀文译诗,参见《华兹华斯抒情诗选》,谢耀文译,译林出版社 1991 年版,第 42 页。——译者)

华斯坚持的原则丝毫没有改变。

第三,华兹华斯的政治信念逐渐深受柏克的教诲的影响。

这种观点初看起来似乎是根本不能成立的悖论,但是在评估1802年到1815年华兹华斯的政治思想时,它事实上却是一项真理,并且绝对不应当被忽略。确实,从表面上看,这两位杰出人士的生平和观点更多地是形成鲜明的对比,而彼此之间更少具有相似性。柏克是作为议会议员而获得其声名的。他脱胎于议会辩论的气氛中。他要远比他的崇拜者们所想象的更加深刻地卷入到党派斗争中,也就是说常常卷入到政治阴谋当中。他是最杰出的一位作家,他的演说与作品在英格兰是流传范围最广、流传时间最长的文学作品,但是他从未发表过一首能为英格兰人所知晓或铭记的诗。① 相反,华兹华斯对英格兰政治的议会方面一无所知。他是一位教师②、一位先知和一位诗人。就笔者所知,他从未做过任何一次公共演说。在最多不超过13年或15年的很短的一段时间里,他努力通过很少的一部分作品去引导英格兰的公共生活。他充满爱国精神的十四行诗标志着英格兰诗艺的巅峰,而他的《论辛特拉协定》一书一定会吸引一些有思想并且智慧的读者,只要人们仍然对英格兰的议会历史感兴趣。但是谁也不会怀疑,华兹华斯永恒的声誉是建立在他的诗歌之上的。同时,在华兹华斯漫长的一生以及柏克短暂的生涯中,在引起人们争论的那些最重大的事务方面,这两个人持完全相反的观点。柏克从一开始就对法国革

---

① 他曾经写过几首诗送给朋友,参见 Morley,*Burke*,p.8。

② 他曾经致函友人:"我不是为那些充满迷信或不能思考的头脑而写作的。所有伟大的诗人都是教师——我也期望自己被视为教师,再无其他。"Harper,ii. 158.

第三章 华兹华斯政治信念的发展(1792—1802年)

命的进程持不信任的态度。关于柏克对法国大革命的态度,有人十分精到地评论道:"他从未对之有过任何热情或同情,这点他永不后悔。"① 华兹华斯永远不会忘记革命的早期岁月,能够生在那样的日子里真是一种福祉,而它对于青年人来说则更是天堂。② 攻占巴士底狱、联邦节、善良的人们的喜上眉梢,以及他自己在罗伯斯庇尔垮台时的欢天喜地,所有这些都是这位诗人与思想家所珍视的回忆,他几乎比所有其他英格兰人都更深地沉浸在革命斗争早期的喜悦与希望之中。甚至在1793—1794年,华兹华斯在致沃特森主教的信中也仍然表现出了共和主义者和吉伦特派的情感。然而,尽管如此,柏克对华兹华斯的影响仍然是确切无疑的事情。支持这种观点的论据是充分的。华兹华斯1793年的《为法国大革命辩护》一书的风格简明、直接,而1809年出版的《论辛特拉协定》则异常复杂。这两者之间的对比有待解释。不过要解释也并不困难。《论辛特拉协定》一书读起来就像是一位多年沉浸于阅读柏克的作者所写的著作。无论对错,热情的崇拜者们确实都会认为,《论辛特拉协定》一书在修辞方面和柏克最优秀的作品不分伯仲。更加冷静的评论者则会发现,比起《论辛特拉协定》中冗长、精微的句子来说,致沃特森主教的信具有的简洁、有力、直接等特点更加适合华兹华斯,并且也更加适合宣传的目的。诚然,华兹华斯最近的传记作者承认:"华兹华斯文论中极其难解的风格使其一直以来都很少被人阅读,并且很可能在将来也很少有人会阅

---

① Morley, *Burke*, p. 145.
② 参见前文第21页。

读"。① 并且,其文论中的句子"长达一页的,并不是没有"。而华兹华斯的《论辛特拉协定》中所表达的深刻思想旨在引起公众的注意。因此,上述两点就足以构成对华兹华斯论述风格最严厉的指责。一本写给英格兰普通读者的宣传手册必须写得通俗易懂,因此如果许多英格兰的读者都读不懂这本手册,那么它就理所当然不会受人欢迎。事实上,我们可以说,在文风的复杂性以及思想的厚重方面,华兹华斯是在模仿柏克。但是,对于有教养的英格兰人来说,柏克的文论没有一句是诘屈聱牙的。无论如何,《论法国大革命》和《论辛特拉协定》二者风格上的相似性确实表明华兹华斯受惠于柏克许多。并且,在著名的《论辛特拉协定》一文中,华兹华斯的思路与柏克一般的思路极其相似。这点也进一步证实了从风格上推导出来的二者的相似性。华兹华斯从他的老师那儿学会了我们现在所谓的历史的方法,这点是无可否认的。然而,人们常常会忽视的一点(尽管它同样重要)是,华兹华斯和柏克一样都存在一种莫雷勋爵(Lord Morley)欣然称之为"神秘主义"的趋势,而且,华兹华斯的神秘主义在一定程度上源于柏克。神秘主义这个含混的表达是用来形容这种神秘情感的最佳名词,这种情感本质就是模糊含混并且根本无法定义的。我们的演说家和诗人都对某种神秘之物有着深切的体验;这种神秘之物通常都潜藏在一位智者对所有那些极其重要的事物的思考之中。二者在这方面的相似性最好通过事例加以说明而不是通过定义。在柏克最明智的那些作品中,也即在有关美洲事务的所有小册子与演说之中,柏克将其

---

① Harper,ii. 181.

第三章 华兹华斯政治信念的发展(1792—1802年)

所有论证都建立在他对人性的深刻研究之上。柏克所有的这些作品都旨在说服人们同美洲达成和解。他努力地告诉英格兰听众，新英格兰的居民在民事与宗教方面都有着独立的传统，并且这是从他们的清教祖先那儿继承的，因此他们毫无疑问会抵抗不列颠议会对他们所征收的无论多么轻微的税赋。同时，他还表明，尽管南部的种植园主中有许多属于英格兰教会，但正因为他们是奴隶主，他们都认为，作为一名白人，无论富有还是贫困，都是贵族的一员，并且每一个白人都会誓死反对议会干涉他们的独立。这种独立性是其作为自由公民的尊严的根本要素。柏克费尽心机地想要说服普通的英格兰人相信，实现和解的道路在于理解十三个殖民地的公民的个性和情感，但他的努力只是徒劳。大约35年之后，华兹华斯以一种虽然并不完美的方式，但更加成功地使当时的英格兰人相信，唯一能够充分有利地同西班牙半岛上的民众结成联盟的方式就是研究并理解他们的性格、他们的情感，甚至他们的偏见。而这项政策简言之是必须建立在对人性的了解之上的。现在我们转向另外一点，将他们进行对比。柏克十分了解现实中的政治家们。他怀有一项坚定的信念，认为在处理重大的事务，处置国家历史中的突发事件时，最不值得信任的人就是那些普通的官员，他们只精熟于日常事务或政治管理事务中的琐碎技巧。我们可以看看1774年柏克所说的如下这些话的总体效果：

> 但过于精通官衙的事务，却还眼界开阔的人，却可以说少而又少。官衙养成的习惯每使他们认为，事务的内容，远不如处理事务的形式重要。这形式所使用的，是常

规的事务;所以,国事倘不脱正常的秩序,出身与官衔的人,事功是斐然客观;而国事一旦失故道,水流用些出来,则国事蜩螗,政治翻开新的一局了,旧的典章,绝不足为先例;它需要的人类的知识之伟大,见识的广博,是官衔不曾给,也不能给的。①

在《论辛特拉协定》一书中,华兹华斯严格遵循了同样的思路,尽管这里只能对他的论证进行简要的概括。他认为:"只有用关于人性的知识来引导政府的运行,才能使政府有权与这一事业(即西班牙半岛上的居民抵抗法国侵略者的事业)具有内在的联系,因为这一事业是根源于人类本性的。"但是他认为,日常的政治家们并不拥有这种关于人类本性的知识。因为这些现实政治家们过高地看待了自己在处理他们的代理人和依附者们自私的动机和激情的能力,他们过高地看待了自己挫败政敌意图的手段,而对自然的人和社会的人的本能却一窍不通。他们不了解人类更深的感情,不知晓人类淳朴的情感,不了解人类广阔无边的、无私的想象力,也无法体会为了保卫自己国家利益的爱国荣耀——战士们从军并不仅仅是履行一种职业形式,他们的思想是崇高的,他们献身于高贵而慷慨的事业。因此,华兹华斯最后认为,用他自己的话来说就是"由此可知,政治家和宫廷大臣们的头脑是不适合处理此类有关人类本性的知识的",而人类本性的知识却是真正的政治家气质的本

---

① 柏克,"课税于美洲的演说",Works,ii. 390.(译文参见柏克:《美洲三书》,缪哲译,商务印书馆2003年版,第31页。——译者)

质基础。① 因此,华兹华斯不仅像柏克一样贬低了所谓现实政治家们的狡诈,更有甚者,他还严厉地谴责了其言行,甚至情感。这些现实政治家们局限于处理一些实际的管理事务,并且深深地卷入了政党政治的陋习与纷争之中。华兹华斯与柏克之间还有另外一个相似点,这点看起来并不真实,但在我看来却是事实。从这二人为公众所知开始直到他们生命的终结,在他们身上都潜藏着一种实实在在的保守主义的因素。这种保守主义因素同柏克早年所谓的自由主义的激情形成了对比,同时也与华兹华斯青年时代的革命激情形成了鲜明对比。这种对比比表面上看起来的更加真实。并且,在这两者身上,这种对比常常会使人感到他们青年时代对民众的同情与老年时代公开的托利主义之间存在某种不一致性,尽管这种感受几乎是没有什么理由的。50年前,要是人们认为早年反对乔治三世侵犯受到英国宪制保护的英格兰人的权利的柏克与后来甚至更加强有力地反对福克斯及其追随者们从法国引进革命原则(这些革命原则甚至比乔治三世处心积虑想要增加的王室特权对英格兰人享有的受英格兰宪制保护的理性的自由更具危害性)的柏克是同一个人,那么他一定会被认为是个疯子。然而,莫雷勋爵已经最终证明,柏克的政治原则具有本质的连贯性,这是一个不争的事实。② 因此,至少我们也有必要论证,1793年吉伦特派时期的华兹华斯同1820年或1830年所谓的托利时期的华兹华斯之间在政治思想上是否也具有类似的连贯性。值得注意的

---

① 华兹华斯的全部论点,参见《论辛特拉协定》,第129—140页。
② 参见 Morley, *Burke*, pp. 145-148.

是,甚至在《为法国大革命辩护》一书中就存在某些保守主义的线索,而一些自由主义者通常将这本书看做是华兹华斯对自己采纳的全部革命原则的清晰表述。必须记住,这是一本属于一位年轻人的著作,是一本公开的共和主义者的著作,是一位对法国拥有炽热热情的英格兰共和主义者的著作——这位共和主义者对英格兰向法兰西共和国宣战义愤填膺。正如上文指出,这本书里的语言也都经过深思熟虑的。我们不可能在柏克反对法国大革命的手册或者托马斯·潘恩的回应中找到类似的话语。不过,我想要向读者引述下面的话:

> 看起来我是在提倡共和主义,确实我也是在提倡共和主义,但是请人们不要误解我。从国家执行权力的滥用中,我十分清楚,任何一个欧洲国家无不只能悲哀地证明,如果人民初始的权威必须立马得到恢复,那么人们从此类复兴行动中所唯一能期待的就是,首先废除僭政。①

这些话语充分表明它们是出于深思熟虑,并且是出于理智的。它们和革命分子所热衷的自然权利理论并不一致。这些话也不会在吉伦特俱乐部中得到掌声,它们更不可能在雅各宾俱乐部中获得片刻的宽容。它们表露了1793年共和主义者华兹华斯思想中具有的保守的一面,并为我们理解1802年的华兹华斯提供了基础。1802年,华兹华斯会在托利党人而不是辉格党人中找到更多

---

① Grosart,i. 10,11.

第三章　华兹华斯政治信念的发展（1792—1802年）

的朋友。

要理性地理解华兹华斯的政治家气质，人们就必须充分地意识到柏克与华兹华斯在智识甚至道德上的联系。这点是至关重要的。这两位充满卓越天才的人之间的联系事实上能够使彼此交相辉映。对于柏克，最高的评价可能莫过于认为柏克的教诲使华兹华斯还有千千万万的英格兰人不再受大革命的诡辩与幻想的蒙蔽；对于华兹华斯政治信念的特点，最精炼的表述可能莫过于认为华兹华斯承袭了柏克所教导的至善真理，并且同时毫不动摇地保留了对自由的信仰与对人类进步的希望——它们二者是革命理论中最坚实的部分。然后，读者会发现华兹华斯（至少在其像政治家一样活动的期间内）既不是托利党人，也不是辉格党人。在这整本书中，笔者都在对这个论断的正确性进行解释。至少在1832年之前，这两个政党分别垄断了英格兰的政府，而从华兹华斯对待福克斯和柏克的与众不同的态度中，读者能够最鲜明地看出在精神上将华兹华斯与两党中的任何一党区隔开来的事物是什么。

福克斯是辉格党人崇拜的偶像，却不容于大部分托利党人，或遭到他们的厌恶。① 1806年，在福克斯弥留之际，华兹华斯为他谱

---

① 司各特迟迟才发现"布立吞人福克斯去世了"，但是《玛米扬》（Marmion，1808）导言中优美、工整的颂歌几乎难以令辉格党人忘记，在爱丁堡为庆祝麦尔维尔勋爵的无罪开释而举办的热烈的酒会上，人们唱了一首由司各特谱写的歌，这首歌最后一句就是"嗨呵，逮到福克斯了（Tally-ho to the Fox）"。《玛米扬》是沃尔特·司各特为纪念弗洛登战役而写的长诗，1808年出版。"Tally-ho to the Fox"是一双关语，"tally-ho"是英格兰猎狐活动时，当猎犬发现狐狸时呼喊的口号。因此，这里的"Fox"（狐狸）一语双关，既指18世纪末英国辉格党领袖福克斯，也指狐狸。——译者

写了一曲挽歌。这是这位伟大的诗人为他所崇拜的伟大政治家所写的最为深情的一曲挽歌：

> 成千上万的人们陷入悲伤之中——
> 内心惴惴不安；
> 因为他们的支柱福克斯已经死了，
> 他们的荣耀消失了。
>
> 一股力量从地球上消逝了
> 沉入悄无声息的自然的黑暗深渊中；
> 但是其影响力却并未①
> 随之一同消散——
> 这位伟大的人物，就像是由上帝派遣而来，
> 又一次回到上帝的怀抱——
> 就像潮水之涨落，
> 那么我们是否还要为其悲伤？②

再看看华兹华斯对柏克的描写：

---

① 我的朋友妲碧谢尔小姐（H. Darbishire）曾经向我指出,这行诗在华兹华斯不同的版本中是各不相同的。1807年的版本如引文所示。而在华兹华斯去世前的另外一个版本中,这行诗是"But when the great and good depart"。而这一版本也被哈奇森的遵循（1895版）。不过1879年马修·阿诺德编选的《华兹华斯诗选》中采纳的是最初的版本。

② *Poems of Wordsworth*, by Matthew Arnold (1910), p. 299.

第三章 华兹华斯政治信念的发展(1792—1802年)

他可不是瞎扯的说客,绝不会才穷智尽,
绝没有片刻口吃的折磨。不会!
这演说家滔滔不绝,将辕轭架在
时间的颈上,像刚升起的曙光女神。
他的到场受到三倍的欢迎,
站在如此辉煌的路旁,怎能
感到厌倦! 他迷倒听众,引起
惊讶,像传奇中的英雄,不停地吹着
他的号角,一句接一句,句句
都似有道理:那记忆、那逻辑,那超卓的——
超人的——高谈阔论,没完没了,
直至就连年轻人也感到乏味。

柏克的天才! 请原谅,这支笔竟去
缠恋虚浮的趣事,现在才讲到
你那绝妙的辩才,它让人入迷的
听众——那些开始对自命导师者
产生怀疑的迷茫之众和坦直的
人们或渴望更聪明些的有识之士——
得到多少收获! 如今你已
沉默,在孤坟中永远沉默。我看见他——
老迈但强健——挺拔如橡树:累叶
垂覆的额上生出鹿角似的树杈,
却更能震怵林中的幼木。可是,

69

当他辛辣地讽刺、抨击并告诫

人们警惕所有建筑在抽象

权利之上的制度;当他赋予被时间

检验的习俗与法律至高无上的

地位,称习俗中结成的纽带

具有强韧的生命;当他以蔑视的

眼光否定时髦的理论,强调

人们生来就有的忠顺,有些人——

一大批固执的人们——却同声咕哝着

异见(不爱真理者,必须对它有仇恨)

像伊额勒斯洞中躁动的乱风,

被主人的锁链擦伤,激怒。这年月

充满不祥的突变,在一个个黑夜中

触发暴烈的激斗,扬起一团团

狂热的黑雾,但此时有难忘的场面

介入:智慧披着雄文的铠甲

跃出,如朱庇特脑中的女神,在议会中

语惊四座。一个熟知古代

历史、古典辩术使其心潮

起伏的青年,怎可能坐在那儿光看,

光听,却不思感激,不受启迪。①

---

① Hutchison, pp. 694, 695. [华兹华斯,《序曲或一位诗人心灵的成长》(第十卷),丁宏为译,中国对外翻译出版公司1997年版,第186—187页。——译者]

第三章　华兹华斯政治信念的发展(1792—1802年)

这些诗句写作的时间显然不会迟于1804年,它们肯定是在柏克去世之后的某个时候被写下的。当时柏克被一些托利党人视为圣徒,是法国大革命最强大、最可怕的敌人;但是他被辉格党人厌弃,被视为变节者和叛徒。然而,华兹华斯对柏克的描述为柏克树立了一座丰碑,并且也只有像华兹华斯这样的政治家才能为柏克的修辞与智慧树立最高贵、最贴切的纪念碑。

华兹华斯的政治理论已经既超越了托利党人的理解,也超越了辉格党人的理解。

第四章 华兹华斯的政治家气质
（1802—1815年）

想要对作为政治家的华兹华斯的行动进行考察，首先必须理解1802年（《亚眠和约》签订）到1815年（滑铁卢之战）之间英格兰的状况，其次才是考察华兹华斯政治家气质的特点。

一、1802—1815年间英格兰的状况

从1800年起，几乎直到1814年，大部分英格兰人都担心并差一点就看到了波拿巴的胜利。读者必须将这点时常记在心上。当时整个国家消沉的情绪只是依稀地残留在今天的人们对特拉法加、莱比锡和滑铁卢的记忆中。但是，当时英格兰的担心本身并非杞人忧天。同法国的战争最终以短暂的《亚眠和约》而告终，尽管英格兰取得了海战的胜利，但是这场战争最终证明是失败的。它增强而不是削弱了法国的实力。它使法国在欧洲国家中无可匹敌。拿破仑统治着广阔的土地，①并且他实施的权威要远比路易十四获得的权威大得多。甚至在《亚眠和约》签订之前，即便拿破

---

① 1811年，人们几乎可以从罗马一直前往汉堡而无需经过任何不属于法兰西帝国的领土！

第四章　华兹华斯的政治家气质(1802—1815年)

仑没有侮辱英格兰,也是无比轻蔑地对待英格兰。他要求将自己宣布成为北意大利的统治者。他以专制的权力统治着瑞士;并且至少在华兹华斯看来,他不仅已经毁灭了瑞士的独立,还摧毁了瑞士自由的最后一丝迹象。1798年,爱尔兰爆发了残酷的叛乱;要不是风向突然大变,霍奇(Hoche)就已经在叛乱者的支持下带着法国军队在爱尔兰登陆了;谁都不敢保证,在法国最骁勇的将领的率领下,精挑细选出的法国士兵在数千爱尔兰人的支持下会无法攻克爱尔兰。而在1801年,伦敦的暴民狂热地欢迎带来和平希望的法国大使。诚然,"布立吞人福克斯去世了",但是作为一个政党,辉格党人对战争没有任何信心,并且他们还说服自己相信拿破仑代表了自由。全国各地杰出的辉格党人,诸如西德尼·史密斯(Sydney Smith)和约翰·罗素(John Russell)勋爵,他们都支持战争;但是议会中的反对派不愿意拨款给在国外的军队,并且鼓吹拿破仑在大陆上是不可战胜的谬论。英格兰捕获丹麦的舰队,这拯救了国家,但是辉格党的道学家们谴责这种行为严重地违背了国际法,而且据说有些辉格党人甚至将波拿巴夺取莫斯科看作是皇帝势力不可阻挡的标志。为了准确地理解华兹华斯作为政治家的先见之明,我们必须认识到,当时人们在情绪上即便不说是绝望,也绝对是消沉且近乎懦弱了。直到半岛战争开始,甚至事实上直到英格兰在西班牙取得的胜利引起了整个世界的关注,这种情绪都一直弥漫在英格兰人中间。波拿巴不断取得的胜利导致的精神上的挫败几乎毁灭了英格兰。

　　大陆的人们严重低估了英格兰士兵的战斗力,并且许多英格兰人也受到这种幻觉的欺骗,他们以为英格兰的海军总能保证海上的胜利,因此英格兰士兵肯定毫无希望在陆地上打败波拿巴的军队,①至少无法打败由波拿巴亲自指挥的军队。皮特自己就怀疑过是否能取得最终的胜利,因为在1795年,他就曾经向法国提出议和的建议;在1797年,他又重启了与法国的和谈。尽管1802年的《亚眠和约》不是由皮特签订的,但并未遭到皮特的反对。这份和约是不列颠在同法国的长期斗争中失败的明显标志。1803年战争重新开始之后的许多年里,又发生了许多事件,使英格兰人有理由怀疑英格兰的政治家和将领们的品行。

1805—1806年,梅尔维尔勋爵(Lord Melville)被控在领导海军的过程中玩忽职守与挪用公款,并遭受了弹劾。当时他是海军大臣,并且在内阁中是除了皮特之外的第二号人物。他被宣告无罪。下院中一些最著名的议员和包括威尔伯福斯(Wilberforce)在内的其他一些人投票支持对海军大臣的弹劾。他们认为,如果缺少充分的理由,作为英格兰最著名的政治家之一,在担任高级官职的时候,是不会使自己被人怀疑犯下严重的罪行或其他不当行为的——这些罪行与不当行为如果得以证实,是足以使其蒙羞的。②1808年,约克公爵担任总司令一职。他卷入了和女冒险家玛丽·安妮·克拉克(Mary Anne Clarke)的丑闻。她利用和公爵本人的私交,向那些为获得推荐而付钱给她的官员承诺得到升迁。1809

---

① 这种观点在当时十分流行,尽管1799年西德尼·史密斯爵士就已经将波拿巴阻挡在阿克(Acre)之前;1801年,不列颠的士兵在其将领的率领之下曾经将法国的军队赶出埃及,而在1806年,约翰·斯图亚特爵士也曾经在卡拉布里亚(Calabria)打败了法国的军队。读者可以仔细阅读帕斯雷(Pasley)1810年发表的论文"不列颠帝国的军事策略与制度"(Military Policy of the British Empire)。这篇文章的目的就是从军事的角度鼓舞英格兰抵抗拿破仑。

② *State Trials*, xxix, p. 550.

第四章 华兹华斯的政治家气质(1802—1815年)

年,下院成立了一个委员会调查这整件事情。结果证明,在同克拉克女士的交往过程中,约克公爵确实存在应受谴责的疏忽大意。在审查其是否犯有贪污腐败行为时,下院宣告他无罪。但是道德压力最终迫使他辞去了总司令一职。①1808年,辛特拉会议召开,尽管事实上阿瑟·威尔斯利②已经取得了惊人的胜利,但这次会议还是严重地挫伤了英格兰将军们的信心,阻止威尔斯利获取自己胜利的果实。1809年,查塔姆(Chatham)勋爵领导下的对瓦尔赫伦(Walcheren)的远征以失败告终。

正如前文所指出的那样,辉格党总体上都认为,拿破仑应当被视为是自由的保卫者。他们谴责与法国的战争,并且自然认为英格兰毫无希望取得胜利。再没有其他作品比司各特1815年1月2日出版的诗句更加生动地描述了被失望之情笼罩了长达20多年的英格兰人的悲惨处境。甚至暴君拿破仑被推翻的喜悦也不能使最满怀希望的人以及意志坚定的托利党人忘记那段毫无希望的悲惨岁月。在这段岁月中,反对帝国专制统治的人们饱受煎熬。这段岁月几乎使人绝望,或者用司各特的话来说就是:

> 黑暗、疑虑和恐惧似无尽头!
> 希望之渺茫令人悲伤欲绝,
> 起伏跌宕的二十年里恐惧裹挟着
> 废墟、悲痛、流血与眼泪。③

---

① 1811年,在一致同意下,他又复职最高司令一职。
② 即人们所熟知的威灵顿公爵。
③ Scott, *Lord of the Isles*, Canto VI, st. I, 1815. 1. 2.

二、华兹华斯政治家气质的本质

在对法国进行战争这个问题上,从1802年起华兹华斯就同当时最优秀的托利党人以及辉格党人中一些杰出的、智慧的人士在战争的实际目的方面取得了完全的一致。他认为,结束《亚眠和约》,重新对拿破仑专政开战对于英格兰来说既是一种必要也是一项义务。他完全不同意反对辉格党的观点。他们奉行和平政策,愚蠢地认为,拿破仑在一定程度上代表了自由事业。不过,华兹华斯甚至比爱国热情最高涨的托利党人更加清楚地看到了英格兰人必须坚持战争的绝对必要性和迫切性,并且华兹华斯是将战争建立在国际法与正义原则的真实基础之上。我们还必须进一步指出,华兹华斯的政治家气质是一种鲜活的政策;它是在1802年到1809年期间逐渐发展而成的,也就是说,是从他最早的充满爱国主义的十四行诗的发表到《论辛特拉协定》的出版。《论辛特拉协定》不经意间就阐述了华兹华斯政治家气质的本质。

因此,在考察华兹华斯政治家气质的时候,我们就必须回答下面两个问题:首先,它具有哪些一般性的特征?其次,华兹华斯的政治家气质可以归结为哪些具体的原则?

(一) **华兹华斯政治家气质的一般特征**。这种一般特征主要可以从他在1801年到1815年间不同时段中出版的充满爱国主义的十四行诗中看出,并且可以归纳如下:他是一位道德主义者,坚定地相信正义取得最终的胜利。他还是一位先知,他预言并且相信,国家的落败是由于国家以及组成国家的人犯下的错误或罪行。因此,他始终坚持不懈地教导世人,反对拿破仑的战争是一场反对非正义、反对压迫的战争,英格兰人之所以迟迟无法推翻这位僭主的权力是由于英格兰自己犯下的错误与罪行以及英格兰人自己犯下的错误。他还是一位民族主义者,他预见到了维多利亚时代的民族主义。他相信,一方面英格兰的独立只能通过保证其他欧洲国家的独立来实现,另一方面,只有英格兰打败波拿巴的帝国,成功地确保了自身的独立之后,所有欧洲国家,例如西班牙、意大利、瑞士和德意志的独立才能得以保证。最后同时也是最重要的,华兹华斯还是一位热爱英格兰的爱国志士。在暴君拿破仑在欧洲大陆一路高歌猛进,所有国家包括英格兰都有许多杰出人士主张奉行卑微、低贱的谄媚政策的漫长岁月中,华兹华斯从未有片刻动摇过自己的信念。他相信,如果英格兰能勇敢地承担起自己至高无上的义务,摧毁拿破仑帝国,那么她必定会获得最终的胜利。要理解华兹华斯的政治家气质,我们就必须意识到,华兹华斯内心深处混合了三种不同的情感;分别是先知般的远见与洞察力、对所有真正的民族国家独立的强烈热爱、对英格兰真挚的爱国主义精神。简言之,他是一位先知、一位民族主义者和一位爱国主义者。他建议改革英格兰人的生活,复兴英格兰的美德,他希望由民族情感加以统一的每一个国家都能获得独立或者能够保持独立,最后,他渴望打败拿破仑的专制统治。拿破仑的专制统治无论能为世界带来哪些意外的利益,它都意味着专制的胜利,并且在大部分欧洲地区,意味着由外国军队维持的专制的胜利。对华兹华斯政治家气质的这种简练归纳可能十分准确,也可能毫无意义,这取决于读者是否阅读过华兹华斯的作品。华兹华斯政治家气质的真正价值只能通过阅读华兹华斯的作品,并紧密地结合他所处的那个时代才能理解。

　　首先我们看华兹华斯对英格兰的罪行与软弱进行的先知般的谴责,并且这种谴责逐渐地转变成对英格兰的信念,只要她能承担起自己崇高而庄严的义务:

> 弥尔顿!你该活在这个时候,
> 英格兰需要你!她成了死水一滩:
> 教会、朝廷、武将、文官,
> 庙堂上的英雄,宅第里的公侯,
> 都把英格兰的古风抛丢,
> 失去内心的乐。我们何等贪婪!
> 啊,回来吧,快把我们扶挽,
> 给我们良风,美德,力量,自由!① (1802年)

> 朋友啊!我真不知道该向何方
> 去寻求心灵的安适;我不禁怅然,
> 想到这一生无非是装点门面,
> 与工匠、厨子、马夫没什么两样。
> 我们都得像溪水,迎着骄阳
> 闪耀金辉,否则便遭人白眼;
> 最大的财主便是最大的圣贤;

---

　　① Hutchinson, p.307.(译文采用王佐良译诗,略有改动。参见钱青主编,《英国19世纪文学史》,外语教学与研究出版社2005年,第28页。——译者)

自然之美和典籍已无人赞赏。
侵吞掠夺,贪婪,挥霍无度——
这些,便是我们崇奉的偶像;
再没有淡泊的生涯,高洁的思想;
古老的淳风尽废,美德沦亡;
失去了谨慎端方,安宁和睦,
断送了伦常准则,纯真信仰。①

该停止攫取那削弱心脏的食物了,
英格兰!这道理得更认真领会才好,
大决未定啊!要不是你树敌过多,
我们在美好的农时耕播,
本该有更好的收获。
如果希腊、埃及、印度及埃及走向光明,
在这年头,你恐怕也会从中作梗。
英格兰,各国一致对你有此非议。
但你的敌人更顽劣,
更不懂人心向背,
因此,明智的还是为你祝福,
尽管你有严重的错误。
艰难啊,世界最美的希望

---

① Hutchinson, pp.306,307.(译文采用杨德豫译诗,参见《华兹华斯诗歌精选》,杨德豫译,北岳文艺出版社2001年第2版,第189页。——译者。)

完全由你肩负。(1803年)①

我记得一些大国如何衰退；
当战士丢开宝剑而拿起账本，
当学者撇下书斋去觅取黄金，
当高风美德告辞，祖国啊！我每每
为你担忧——也许我该受责备？
现在，想到你，想到你在我内心
是居于何等位置，我啊，便不禁
为那些贪图的忧虑感到羞愧。
你是人类正义事业的堡垒；
我们对你为由珍爱与尊崇；
我的多心是出于对你的爱慕：
这又有什么稀奇——在幽思遐想中，
诗人对你常常会揣测估量，
就像情郎对恋人，儿女对父母！(1803年)②

尽管献给自由的十四行诗逐渐上升为希望③甚至是许诺，只要英格兰变得勇敢奋发，为保卫她自身以及欧洲的自由而战斗，即

---

① Hutchinson, p. 309.（译文采用谢耀文译诗，参见《华兹华斯抒情诗选》，谢耀文译，译林出版社1991年版，第207页。——译者）

② Hutchinson, pp. 307, 308.（译文采用杨德豫译诗，参见《华兹华斯诗歌精选》，杨德豫译，北岳文艺出版社2010年版，第192页。——译者）

③ 参见前文第84、85、127页。

第四章 华兹华斯的政治家气质(1802—1815年)

便英格兰是孤身一人,她的实力也会是无可抵挡的;但是在华兹华斯看来,英格兰真正的错误在于她总是不时地反对其他国家的自由;华兹华斯发现,这点是他无法原谅的。他写道:

> 在过去的30年中,我们发现有两场战争是针对自由而发起的,一场是美洲战争,另一场是在法国大革命早期针对法国人民发起的战争。……并且,就与我们当前(1810年)更加相关的事态而言,我可以保证,同样的对正义原则狂妄的不尊重以及对于人类自然情感的麻木不仁(正是这种精神决定了我们的政府在针对自由发起的两场战争中的行动)也一直伴随在当前这场为了自由而展开的战争的努力中,并且最终导致这些努力徒劳无功。①

但是在此,华兹华斯对英格兰的义务(英格兰忽视了其中的一些义务)与力量的感受转变成了华兹华斯的民族主义精神。在1809年出版的著名的《论辛特拉协定》一书中,华兹华斯表达了自己的意愿,他希望看到西班牙、意大利、法国(当时只是拿破仑帝国的一个组成部分)和德意志成为独立的国家。这点对于华兹华斯民族主义精神的形成是决定性的。但是,事实上只有不断地阅读《论辛特拉协定》这本书,我们才能发现,华兹华斯已经充分地预言到了在19世纪中叶才得以充分发展的民族主义热情。在后世的

---

① 《论辛特拉协定》,第140页。

历史学家看来,华兹华斯对辛特拉会议的诅咒事实上是建立在辛特拉会议蔑视葡萄牙人和西班牙人的情感、自尊和荣耀这一基础上,因此它在很大程度上也是合理的。①

华兹华斯对民族独立充满了热情,不论它是同对国王的忠诚联系在一起还是同对共和国的热爱联系在一起。华兹华斯终其一生都在谴责英国对法国的入侵以及1793年的第一次联盟;结成联盟的所有国家都在谋划着对法国的自治政府进行干涉,并且一些大陆国家甚至想要获取法国的一些领土并肢解法国。华兹华斯对法国的立场无论具有何种价值,它始终都是连贯一致的。② 他是一位共和主义者,他是从最好的一面来看待法国大革命的,他将大革命视为是人类的进步。然而,后来他受到了柏克的观念的影响不可避免地、顺理成章地转向了民族主义。他提前20年就预见到了马志尼的民族主义。③ 因为华兹华斯所理解的以及后来马志尼所发展出来的民族主义理论不仅仅意味着对爱国主义精神的推崇,它还包含了更加丰富的内涵。从马拉松和温泉关的时代起,甚至在更早的时期,就有大量的男女老少崇拜在保卫祖国的过程中牺牲的勇敢的英雄们。但是,现代的民族主义者不仅仅教导人们爱国主义是一种美德,他们还采取了其他许多行动。他们广泛地传播了以下的政治信念:每一个国家(State)(至少是欧洲的国家)

---

① 参见 Oman, *Peninsular War*, vol. i. 274-276。

② 参见1821年致洛奇(Loch)的信:Knight, Life of William Wordsworth(1899), iii. 58,59。(Cf. Hale White, p. 10)。

③ 参见1837年的十四行诗,《从阿尔巴的高山上》,Hutchinson,第360页及本书下文第115页。

第四章　华兹华斯的政治家气质(1802—1815年)

都应当(如果可能的话)由那些属于一个民族(nation)或自认为属于一个民族的公民们组成,并且任何民族都不应当受到外国势力的统治。一旦从这种观念中推导出,每一个独立的国家都应当支持其他民族的独立,并且如果必要的话,应当时刻准备着保卫其他民族的独立,那么人们立马就会发现,这种观念对于像奥地利帝国这种国家来说就是致命的危险。这当然是一种新颖的理论,并且在19世纪初还是一种耸人听闻的理论。华兹华斯不仅提前许多年就预见到了在19世纪中叶占据主导地位的民族主义的观念,同时他还创立了一种新的理论,并且在这种新的理论中没有混入一些之前许多著名的倡导者常常会犯下的错误。他从未提出一种主要和共和主义精神相联系的民族主义思想。如果能活到1860年,他一定会认为加富尔是比马志尼更加可靠的领导者。[①] 然而,我们也许可以猜测,他真正同情的是加里波第(Garibaldi)。加里波第首先为保卫罗马共和国而战,并在海湾抵抗法国的军队,之后,在其生涯的巅峰时期,为了增加统一的意大利的国王的权威,他解放了西西里和那不勒斯。许多英格兰辉格党人都错误地认为,意大利或德意志的人民更加在乎宪政自由而不是民族统一。华兹华斯避免犯此类的错误。华兹华斯先知般地预见到,民族热情有可能被转化或堕落成要求通过不断增强军备而增强国家实力的激情,并且有可能因此在整个独立的民族中摧毁他们对真正的自由的热爱。华兹华斯的这种洞见在自由国家,例如美国、英格兰和法

[①] 参见《论辛特拉协定》,第166—170页。因为华兹华斯理解民族主义同良好政府之间真正的关系。

国,几乎很难被人理解,直到 1914 年的战争证明了它的正确性。①

关于华兹华斯对于英格兰的爱国情感无需赘言。他的爱国热情渗透在他创作的关于拿破仑战争的诗句的字里行间中。可以用他的一首十四行诗来加以总结:

> 又一年——又一致命的打击!
> 又一个强大的帝国灭亡;
> 现在和将来,我们将茕茕独立,
> 最后一个勇于和寇仇争抗。
> 这何妨! 今后我们知道:
> 我们的安全只能从自身寻找,
> 用自己正义的双手去铸造;
> 要毋需别人搀扶也能站牢;
> 否则只能辗转于泥淖之中,
> 孱种才会不为这种前景所动。

---

① 拉格比的阿诺德博士"对奥地利政府怀有的温情"的表达以及他在 1830 年写下的如下语句可以作为华兹华斯民族主义思想原创性以及其政治家气度在多大程度上领先于时代的证明:"对于威尼斯我同样也是十分喜欢的。我最喜欢的是看到旧贵族的秘密监狱变成了柴火间,见到德意志的士兵在那里施展权威,而那里曾经是意大利种族道德堕落的中心,是错误、无知和残酷的堡垒。"Stanley, *Life of Arnold*,第 5 版,第一卷,第 275 页。读者要注意如下的日期:1810 年,华兹华斯就已经掌握了民族主义的诸项原则,并且在 1802 年似乎就已经采纳了这些原则。1805 年马志尼出生,并在 1830—1831 年提倡民族主义。1830 年,阿诺德还在为奥地利在威尼斯实行的专制统治感到欣喜。1849 年,克劳奇(Clough)——阿诺德的一名得意门生——为意大利爱国者被奥地利打败而悲痛。在 1870 年之前,民族主义才几乎被英格兰所有的自由主义者采纳了。因此,华兹华斯至少在 40 年前就已经预见到了民族主义的充分发展。

第四章　华兹华斯的政治家气质(1802—1815年)

> 我们将十分欣慰,假如看到:
> 治国的是珍惜民安国泰的贤豪,
> 他们明智、正直而且英勇,
> 绝不怯懦屈从,荣辱混淆。(1806年)①

人们几乎很少注意到的是,华兹华斯对英格兰的爱国精神是同他认为每一个民族独立的国家都能获得幸福的信念紧密联系在一起的。在华兹华斯的心灵中,这两种情感彼此之间几乎都是一致的。下面这两首十四行诗可以用来说明这种复杂的情感:

> 你一度拥有灿烂的东方封邑,
> 并且独自肩负着西方的安危;
> 威尼斯啊,自由的长子!你有
> 与自己相称的辉煌业绩。
> 你是圣洁之城,在自由中大放异彩,
> 奸计和暴力过去不曾把你玷污败坏。
> 谁是你的天成佳偶?
> 只有那永恒的大海。
> 虽然你的光辉已消退,
> 荣名散失,力量衰颓;
> 为你将要完结的悠久气运,

---

① Hutchinson, p. 310.(译文采用谢耀文译文,参见《华兹华斯抒情诗选》,谢耀文译,译林出版社1991年版,第214页。——译者)

我们都会洒一掬掬伤之泪。
我们须眉之辈论起古盛今衰，
怎能不唏嘘扼腕，慷慨生哀。(1802年)①

两种声音：一种是海的呼啸，
一种是山的喧响，都雄浑强劲；
年年岁岁，你欣赏这两种音乐，
自由女神啊，这是你酷爱的曲调！
暴君来了，你怀着神圣的自豪
奋起反抗；却徒劳无功，终于
你被逐出阿尔卑斯山地区，
那里的急流飞瀑你再难听到。
你两耳既已失去了一种幸福，
请把留下的这一种牢牢保住；
否则，女神啊，你该会怎样悲悼，
当山洪一如往昔雷鸣不止，
当海浪轰然扑打岸边峭石，
而两种威严的乐曲你都听不到！(1807年)②

每一首诗都充满了义愤之情；他认为，波拿巴有可能征服一个

---

① Hutchinson, pp. 304, 305. (译文采用谢耀文译文，参见《华兹华斯抒情诗选》，谢耀文译，译林出版社1991年版，第192页。——译者)
② Hutchinson, p. 306. (译文采用杨德豫译诗，参见《华兹华斯诗歌精选》，杨德豫译，北岳文艺出版社2010年版，第188页。——译者)

第四章 华兹华斯的政治家气质(1802—1815年)

甚至比威尼斯更加真实地握有"灿烂的东方封邑"的国家,还有可能征服一个比瑞士都更长久地捍卫最后的、牢固的自由家园的国家。

华兹华斯的民族主义在 1802 年到 1809 年间一步步地发展,并且进而被采纳,用来提升英格兰的精神和提高英格兰外交政策的道德水准。了解这个过程是非常有价值的。为了实现这个目的,最合适的办法就是阅读华兹华斯全部的描写爱国精神的十四行诗。这些诗歌是爱国诗人创作的最优美的战争颂歌,它们可以激励英格兰的勇气与高贵精神。它们可以被看作是英格兰的赞美诗,并且正像《诗篇》一样,这些诗歌也将对过去所犯错误的忏悔与将建立在正义一方最终将获得胜利的信念之上的必胜信心结合在一起。这些诗歌中没有一个卑微、低贱或野蛮的词语。① 后来的一位诗人的话准确地概括了华兹华斯作为爱国主义者和民族主义

---

① 将柯勒律治的"法国颂歌"同华兹华斯为威尼斯共和国的覆亡而写的十四行诗或他有感于瑞士的被征服而写的十四行诗进行对比,华兹华斯无与伦比的诗才立马就显现出来了。

可以将华兹华斯的高贵与冷静同骚塞的打油诗对比一下,骚塞是一个充满人道精神的人,他在下面这首诗中表达了当他看到波拿巴及其士兵从莫斯科撤退时遭受的损失而感受到的欣喜若狂的喜悦:

拿破仑皇帝在炎炎夏日
启程向莫斯科远游:
大地一片翠绿,天空瓦蓝瓦蓝,
善哉,幸哉!
去莫斯科的远游多么愉快!

他一路冰天雪地
在莫斯科却酷热难挡: (接下页注释)

者的身份。在这位诗人身上,马志尼已经点燃了真正的对意大利民族主义的信念。

　　作为一名诗人,华兹华斯绝对忠诚于他的祖国,他孑然一身屹立于他的同侪和继任者中间:他表面上看起来像是保守的保王党人,但是他从未真正放弃过成为最深刻与最宽泛严格意义上的共和主义者,而且他的诗歌的魅力也丝毫不减;他是一位公民,对于他而言,共和国值得任何人以及所有人为之彻底献身,因为共和国即意味着"所有人的公共利益",他会比莎士比亚笔下典型的爱

(接上页注释)
　　　　但是他既觉寒冷,亦觉炎热:
　　　　有一个地方必须牢牢盯住,
　　　　那里大火烧红了天边而硫磺迸发着蓝色焰火,
　　　　善哉!幸哉!
　　　　他必须到那里去,
　　　　如果教皇信守诺言。
　　　　如果他没有及时地找寻他:
　　　　他的威名也许
　　　　已经使他成为主人。
　　　　他独自思索得太久,
　　　　他是否能得以涤罪,
　　　　他不会独自将荣耀留在那儿:
　　　　因此他必须在那儿待上一整日,
　　　　从那里他溜之大吉,
　　　　快快地踏上逃离莫斯科之旅。(1813 年)

　　　　The Poetical Works of Robert Southey, vi. (ed. 1838)217,222.

第四章 华兹华斯的政治家气质(1802—1815年)

国志士更加勇敢地刺向凯撒。①

(二)华兹华斯政治家气质的具体原则。这些原则最终在《论辛特拉协定》中得到了阐释与辩护。

从《论辛特拉协定》中,我们可以异常清楚地看到,在1809年华兹华斯就坚持与教导关于民族主义的下述理论:

第一,对于每一个拥有民族独立的欧洲国家来说,民族独立是许多至善福祉(例如自由)以及文明进步的必要条件与源泉。

因此在华兹华斯看来,民族独立是拥有公民自由(civil liberty)的基本条件:

> 内生的压迫与外来的压迫(例如外国侵略者施加的压迫)之间的差别是根本的;因为,在前一种情况下,人民的心中还存在着自我统治的情感;内生的压迫并不会(像耐心地施加的外来压迫一样)要求人民放弃理性所要求的首要义务……
>
> 如果一个国家带上的是自己以美德的名义铸造的枷锁,她应当知道,这种枷锁是其应承受的责任;不应当用超越其自身限度的标准来苛求她;而如果从人性的角度出发,她是受到自我压迫的,那么她也应当还有自身的希望与骄傲。在一块不毛之地上耕耘的穷困潦倒的农民也能感受到这种骄傲。我不想提不列颠或瑞士的例子,因

---

① Swinburne, *Miscellanies* (1886 ed.), p.130.

为一个是自由的,而另一个最近也获得了自由(并且我相信她将长久保持自由)。我只想谈谈瑞典。你会发现瑞典农民在这些情感中所体验到的快乐。在他身上,动物般的勇敢(它是其他许多美德的替代品,同时也是所有男子气概的朋友)有生长的空间,并且立刻通过他的想象力得到提升,并被他的情感软化。它是生机勃勃的,因为整个国家的勇气都在他的胸中。①

我们可以将西班牙高昂的精神归于民族独立精神。对于这点,"这个民族人数众多,并且天生就是自由的,尽管有外国入侵者强大的武力反对她的自由,但她还是能实现自己的目的"。② 因此,我们在西班牙这个例子中就发现了民族独立和其他所有政治福祉之间的内在联系:

> 西班牙所要实现的第一个目标是驱逐外敌;其次是获得永久的独立;第三是建立一个自由的政府体制,这会使前两者获得其应有的(尽管远非唯一)的价值;而如果没有哪怕是形式上的独立,那么也许什么都无法得以保证。③

进步(即便是在物质方面的进步)的持久性依赖于民族的独

---

① 参见 *Tract*, pp. 167-169.
② Ibid., p. 155.
③ Ibid., p. 162.

第四章　华兹华斯的政治家气质(1802—1815年)

立,或至少依赖于一种精神,单单靠这种精神,独立就能够得到保证。① 并且,从长远来看,与独立结合在一起的自由能够废除压迫人的、阻碍人类进步的法律与习俗。在华兹华斯看来,人们可以设想,民族独立辅之以个人的自由就可以逐渐根除迷信本身。他一直都记得,支持半岛居民战争事业的英格兰人从一开始就受到半岛居民中流行的"迷信"所打击。他用诗人独特的话语回击了人们的此类担忧,他坚定地相信自由与独立能够产生良好的影响。诗人的这些话语已经超越了当时的道德信念,并且同19世纪后期的经验不完全吻合。然而,它们还是包含了一个值得尊敬与关注的理念:

> 你们的沮丧是多么短视!无论西班牙人的宗教信念或祈祷行为中混合着多少迷信成分,它都必须通过胜利的力量加以改造。人们一旦感受到了这股力量(它产生于剧烈的精神痛苦之中),从那一刻起,它就会同热切的希望联系在一起。盲目的锁链迷惑住了人们的心灵,我们必须将之转化成保卫国家的盔甲,转化成使人丧胆的武器。自由的气息传播到哪里,净化就会随之而来。并且,只要能够使他们不再叩拜,古代错误的信仰仪式就一定会转变成充满想象力的语言和仪式;祈祷、祝圣、鼓舞,这些都是理性最纯粹的衍生物,是自然宇宙中最为圣洁

---

① *Tract*, pp. 171-172.

的情感。①

第二，每一个独立的民族（nation），包括英格兰，都应当有志于保卫其他每一个民族的独立。

对于时事，华兹华斯认为，我们的

> 将军与大臣应当能够认识到，不列颠真正的利益能够由于其他民族的独立、自由与荣耀而得到最大的增进；并且只有通过扩散与传播这些美德，法国的专制统治才能最终得以战胜，使法国对其他欧洲国家的影响被限制在自然而合理的范围之内。我们的将军与大臣们的政策应当建立在这种合理的认识之上。②

不可怀疑，华兹华斯的观点总是尽可能地合理而现实，而不是教条与抽象。他在写下上面这些话时，关注的是在打败法国的专制统治过程中不列颠、西班牙和葡萄牙的直接利益。但是，他提出的现实性的政策也有意地、不可避免地同他对民族主义的强烈信念联系在一起。这点同样是不争的事实。因此，华兹华斯就提出了一项更加深刻的思想。与华兹华斯同时代的杰出政治家与思想家们都很难认同他的远见卓识。而在19世纪的后期，华兹华斯的这种思想被所有的民族主义者接受了。他真挚地希望意大利和德

---

① *Tract*, pp. 115, 116.
② Ibid., p. 150.

第四章　华兹华斯的政治家气质(1802—1815年)

意志都能获得民族统一。他认为:"如果土生土长的意大利人和德意志人(他们各自都有相应的义务)各自都能够打破使他们四分五裂的藩篱,并且各自统一成一个强大的民族,那真是欧洲之大幸。"①

> 要是那些将一个民族(意大利)划分成那不勒斯人、托斯卡纳人、威尼斯人等等,将另一个民族(德意志)划分成普鲁士人、汉诺威人等等的藩篱能够被打破,他们都能团结自己的力量,那么法国人就会马上被赶回他们自己的土地。我希望看到西班牙、意大利、法国和德意志都形成独立的国家。我希望法国的实力被打败的程度不会超过为实现这一目标而应有的限度。②

第三,任何国家都不得拥有过于强大的军事实力,以至于威胁到其他国家合法的独立。

在这点上,华兹华斯的话是意味深长的,并且在1917年来看,似乎还是先知般的预言:

> 如果有一个国家的军事实力已经强大到其他国家无法抵抗的程度,那真是一件悲哀的事情!如果大不列颠出现了这种情况,那么我会像对其他国家一样毫不吝惜

---

① Tract, p.164.
② Ibid., p.237.

地谴责它。……如果一个民族不再有敌人或不再害怕任何对手,它也难逃内部的腐化与堕落。天下无敌与绝对的安全很快就会使这个国家抛弃民事与军事上的纪律,而它的胜利正是由于这些纪律而获得的。如果有一天不列颠这个海岛在大陆上也像它此刻(1811年)在海洋上一样不再有任何敌手,那一切曾经保证我们获得利益与伟大的条件很快都会消失得无影无踪。①

第四,拿破仑统治下的法兰西帝国拥有人们几乎无法抵抗的实力,它是有违民族独立的原则的。因此,英格兰应当对法国开战,直到将法国的实力压制在合理的范围之内。

在这点上,华兹华斯的观点是明确而有力的:

> 无论什么条件,我们都不应当同法国缔结和平,除非她得到羞辱,她的军事实力被限定在合理的范围之内。同她开战既符合我们的利益,也是我们的义务。……我希望法国的实力被打败的程度不会超过为实现这一目标而应有的限度。②

华兹华斯并不认为有可能通过和约结束同法国的战争,因为它决心在欧洲建立霸权的国家。这种和约不可能既使攻击法国专

---

① *Tract*, p. 237.
② Ibid., pp. 229, 237.

制统治的人满意,同时又使专制统治的支持者们满意。

第五,人们应当向往建立一种新的均势。

> 新的均势的实质内容存在于西班牙的语言、名字和领土中,同样也存在于法国、意大利、德国、俄罗斯和不列颠的语言、名字和领土中。更小的国家应当消失,而融入到更大的民族与使用更加广泛的语言中。我能清楚地看到这种重塑欧洲的可能性;同样我也真心诚意地为之祈祷。①

这里华兹华斯显然已经远远超越了他那个时代的政治家们。同时,他也超越了许多后来的民族主义者——这点听起来有些奇怪。惠灵顿、卡斯尔雷、梅特涅以及主导维也纳会议的其他领导人都支持均势。但是,他们无论如何都不会同情如下这种观点,即每一个独立的国家都应当由那些自认为或渴望成为一个民族的人们组成。因此,维也纳会议所致力于建立的均势和民族性没有任何关系。他们所努力要实现的均势目标是通过给予少数国家统治者大致平等的权力的方式建立的。因此,他们防止产生一个无可匹敌的国家。民族主义者们很快就发现,这种形式的均势和他们的希望背道而驰。他们希望能够将欧洲划分成各个国家,其中每一个都代表着一个民族。因此,他们嘲弄讽刺欧洲均势的理念。华兹华斯意识到,敌对双方的观点中都包含着部分的真理。他所构

---

① *Tract*, p. 238.

想的均势能够保证单独每一个民族的独立。此外,在预见到民族主义者的信念的主要信条的同时,华兹华斯还对这些信条加以限制。这些限制如果得到人们的遵守,就有可能纠正或避免后来那些民族主义先知们所犯下的错误。在出版《论辛特拉协定》一书的时候,他就已经完全不再被如下这种幻想所欺骗,即民族独立必然同某种宪政形式联系在一起。在他看来,君主制显然也能像共和制一样创造、保存或复兴民族的独立。再者,华兹华斯明确地意识到,诸如苏格兰和英格兰这样的民族,①她们虽然各自都受到自己独立的民族性(她们的民族性是在她们各自引以为豪的历史进程中形成的)的鼓舞,但是为了形成更加强大有力的不列颠民族(nation),她们明智而正当地牺牲了各自民族性中的一些东西。在华兹华斯看来,如果统一能够极大地增加民族独立的安全,那么人们是值得牺牲一些民族情感来获得统一的。比起创生新民族来说,华兹华斯自己更加关注维持或复兴既有民族的独立性。这点无疑是华兹华斯的大智慧。曾经有一位最杰出的人士从华兹华斯那儿获得了很多教义,他的话即便不能完全但在很大程度上代表了华兹华斯的态度:

> 我一点也不赞同科苏特关于我们对"各个民族"(nationalities)应尽的义务的观点。如果它们名副其实,确实是国家(nation)而不是民族(nationalities),它们就应当自力更生。就我从历史中所了解到的经验,我们绝

---

① *Tract*, pp. 163, 164, 168—170.

第四章　华兹华斯的政治家气质(1802—1815年)

不应当为了它们而发动一场十字军；我们所要做的是抵御西班牙、法国和俄罗斯的势力，防止它们打破国家边界，建立普世帝国。无论我们怎么做，对此我们都别无选择。我们不得不这么做，哪怕我们百般的不情愿。这是上帝指派给我们的使命，我们都渴望坐着他施之船(ship of Tarshish)逃离，并照管我们的商业利益。①

现在我们可以将1802—1815年间华兹华斯的政治家气质做为一个整体进行考察。在最低的层面上，它实现了两个目标——首先，最大程度上消除了英格兰人的沮丧情绪并且恢复了英格兰人天生的勇敢与满怀希望；其次，它为英格兰预示了一条合理的民族主义道路，如果得以遵循，它将在19世纪大部分时期里指引着英格兰的外交政策。并且，这些目标的实现不是通过诉诸民众的虚荣与野心，而是通过唤醒英格兰人记起他们的高贵子孙们展现的英格兰的伟大，是通过将使英格兰免于被拿破仑帝国征服的必要性同复兴并维持每一个欧洲国家的独立的高贵义务相结合的方式而实现的。

---

①　*Life of F. D. Maurice*, ii. 251.

第五章 关于华兹华斯政治家气质的若干疑问

疑问之一：华兹华斯的政治家气质产生了什么样的直接效果？

除了一点之外，华兹华斯政治家气质产生的直接效果相对较小。他的十四行诗本身很高贵，但并非是为大众阅读而写作的。《论辛特拉协定》①令人印象深刻，但也无法被轻松自如地阅读；并且它的销量很有限，大部分的英格兰选民肯定没有读过它。华兹华斯的作品自然不像1790年柏克出版的《思索法国大革命》那样对公共舆论产生立竿见影的效果。同时华兹华斯的作品也不像西德尼·史密斯的作品那样充满风趣与智慧，能够使英格兰教区牧师和其他人深切地体会到拿破仑入侵所带来的直接危险。1807—1808年，西德尼·史密斯出版了《彼得·普里姆雷致他居住在法国的兄长亚伯拉罕的一封信》(The Letters to My Brother Abraham Who Lives in the Country, by Peter Plymley)。

然而，这种一般性结论存在一个例外。华兹华斯的政治教诲确实产生了一项价值无可估量的直接影响。它使整个联合王国反

---

① 尤其参见《论辛特拉协定》，导言，第 vii—xx 页。

第五章　关于华兹华斯政治家气质的若干疑问

对波拿巴专制,并且使意识到英格兰有义务对法国皇帝的侵略进行不懈斗争的人们站在同一条战线上。英格兰对法国的战争不仅是为了拯救英格兰自己,也是为了确保受到帝国强大的势力威胁或奴役的所有欧洲国家的独立。在阅读了华兹华斯《论辛特拉协定》①的前半部分之后,司各特就写道:"我完全赞同他的观点。哎!在这场艰苦卓绝的斗争中,我们什么都缺,唯独不缺勇气与美德。我们的敌人有技术、人类的知识、异常果敢的士兵、各种结盟运动与手段。我们只能像犬獒一样勇敢、无畏、满怀信念地战斗。"②诸如司各特、约翰·威尔逊、卡斯尔雷等托利党人都与诸如华兹华斯、柯勒律治这样的革命主义者们紧密联手。这些革命者们曾经反对或憎恨对法国发动的战争——它有可能会威胁到法国的独立甚至存在。因为,英格兰托利党人和革命主义者都同样同情那些敢于冒死抵抗外国侵略者的国家。在《亚眠和约》签订之前,对法战争还只是一个党的杰作,虽然这个党代表了英格兰的大多数人。而当和约名存实亡,同时华兹华斯的小册子出版之后,对法战争赢得了英格兰人的热烈支持。曾经反对过战争的辉格党人迅速陷于分裂。战争从反对法国的战争转变成了保卫英格兰的全国性战争。这种转变在一定程度上应当归功于华兹华斯充满爱国主义的十四行诗及其《论辛特拉协定》。

---

① 1808—1809 年刊于《信使》(*Courier*)。
② Grosart, I, Preface, p. xiv.

疑问之二：19世纪后来发生的事件能够证明华兹华斯非同寻常的政治家气质吗？

我们可以简短地回答这个问题。就其与华兹华斯的政治主张相吻合的部分，19世纪英格兰的外交政策都取得了显著的成功，而就其背离华兹华斯政治家气质的部分则最终都以失败告终或最多只取得了可疑的成功。这个事实充分地证明了华兹华斯的远见卓识。这点非常值得我们进行细致考察。正如我们看到的，华兹华斯的政治家气质建立在以下两项原则之上：

首先，他明确宣称必须不惜一切代价打垮拿破仑的专政；其次，在合理的限度内采纳民族主义原则——这项原则可以粗略地归纳为：任何国家，只要它的人民渴望并且有能力形成一个民族，那么就应当保证它的独立。然而，他十分明确地对这项原则进行了限制，即必须防止一个国家侵犯另外一个国家的独立；因此，他建议创建一种新的均势。

英格兰对法国采取的政策与华兹华斯的政治家气质相吻合，或至少大部分吻合。拿破仑在被囚禁的圣·赫勒拿岛去世，而他的专制帝国也被推翻了，并且不再有任何复兴的希望。① 由于维也纳会议以及与之相联系的和约，法国在欧洲的领土得到了保留，只发生了细微但能够察觉的变化，基本上就是依据法国在旧制度终结时以及1790年初的边界。② 英格兰再也不可能发动战争阻止

---

① 1852年拿破仑王朝的复辟表明，事实上1809年存在的帝国体系已经一去不复返了。

② 法国由于这些条约而遭受的损失在一定程度上都由她所得到的加以补偿了。参见 Historical Atlas of Europe，第十三幅地图以及普罗瑟洛（G. W. Prothero）所作的注释。

法国采取法国人民接受的宪政体制,这点很快就变得清楚了。[97] 1830年,英格兰人以痴狂的喜悦欢迎路易·菲利普登基。1848年,他们又承认了第二共和国的权威。1852年,他们并不反对拿破仑王朝的重建。1870年,他们承认第三共和国为完全合法的政府。英格兰的做法建立了一项国际法的规则或习惯,即一个独立国家的人民接受的政府应当得到所有其他独立国家的承认。华兹华斯这种政治家般的主张是杰出与成功的。它首先确保了和平,其次它带来了一种在一定程度上多变但逐渐并且总体上增进善意的国际环境,最后它导致在滑铁卢战役之后的一个世纪里英格兰与法国之间结成了紧密的联盟。在这点上华兹华斯具有的政治家气质是毋庸置疑的。

英格兰针对其他国家的政策通常都严重地背离了华兹华斯的政治家气质。有许多原因能解释为什么英格兰政府觉得很难采纳华兹华斯的民族主义政策。采纳华兹华斯的民族主义策略会与维也纳会议缔结的一系列条约冲突。这些条约旨在建立的是立基于国家利益的均势,而并非建立在人民或者民族的意愿基础上的均势。任何一个不列颠的政党都不会轻易地支持华兹华斯对民族性的尊崇。托利党人同情西班牙民族和德意志民族对波拿巴领导的法国侵略者的抵抗,但是,在波拿巴帝国解体之后,托利党人与民[98]族主义运动的关系变得非常冷淡。当时的民族主义者是同革命派和共和主义者联盟的。在同法国大战期间,辉格党人作为一个政党就比托利党人更加不支持民族独立运动。他们认为,法国对西班牙的入侵虽然是完全非法的,但有可能沉重地打击西班牙的迷信,并促进实际的改革。当战争结束,他们忠实地相信,采纳最终经 1832 年改革法案完善之后的英格兰宪政体制,就可以为欧洲所有国家(无论受到多么糟糕的统治)带来人们合理期待的一切政治福祉。在滑铁卢战役之后的 20 年或 30 年间,自由主义者们支持英格兰团体通过武力或其他手段援助其他国家中反对专制的人们。但是,此类对分裂成不同派别的独立国家中的某一个派别进行援助的做法在根本上是与华兹华斯倡导的民族主义不一致的。此外,曼彻斯特学派的激进主义者们认为,自由贸易与和平从长远来看足以促进并确保欧洲所有国家的进步发展。他们真诚地采纳所谓的不干涉政策,并且将之解释为英格兰根本不应当干涉外国事务,因此这几乎意味着英格兰根本不应当有任何外交政策。但是这种教条并非源自华兹华斯。事实上,到 19 世纪中叶,大部分自由主义者都清醒地意识到,民族主义的主张每天都在吸引新的追随者,并且有可能导致巨大的变革。辉格党的一些领导者们,例如帕默斯顿(Palmerston)勋爵和约翰·罗素勋爵,以他们的先见卓识至少在意大利问题上几乎都采纳了民族主义策略。然而,如果我们可以肯定地说,英格兰处理欧洲大陆事务严重地偏离了华兹华斯的政治家气质,那么我们也可以同样肯定地说,在处理这些问题上,英格兰几乎没有取得任何完全的成功。不过,至少有相当一部分英格兰人到 19 世纪中叶已经对民族主义运动越来越感兴趣。对于有教养的英格兰人来说,加富尔几乎就是爱国政治家的典型。加里波第对于各个阶层的英格兰人来说都是一位人民英雄。此外,在帕默斯顿的领导下,不列颠毫无疑问在 1860 年和 1861 年对意大利给予了援助与支持,尽管有人可能会怀疑英格兰的援助事实上有名无实,也许只能被称为道德支持。无论如何,英格兰政治家们成功地获得了意大利人的友谊。这点主要是由于不列颠人民在意大利问题上越来越认同华兹华斯的政治家气质。然而,如果读者浏览一下过去百年间英格兰的外交政策,人们会发现,它总体上是不成功的。一个显见的事实是,英格兰的政治家们都不知道该如何处理正在逐渐改变欧洲大陆形势的民族主义运动。欧洲的战争即便并非完全但主要地是同民族主义理论相关联的。英格兰当时就应当发出确切的声音。英格兰的大臣们向欧洲政府提出的建议只进行了道德上的支持。并且,几乎到了1848年,英格兰还建议应当采纳英格兰的宪政体制,它能够在骚动的国家中平息政府与不满分子之间的斗争。而最终,道德支持一般都变成虚幻的支持,而英格兰提出的宪政政府的建议也遭到了蔑视。

克里米亚战争是英格兰参与的唯一一场大陆战争,它得到了民众的欢迎。英格兰民众赞誉它是对俄罗斯这个当时在整个欧洲支持专制统治的国家的打击。这场战争的后果严格来说并未对民族主义者提供任何帮助。但是,在这个事例中,民众的直觉是正确的。克里米亚战争给了意大利人为意大利的统一与自由做最后决定性努力的机会。然而,英格兰政府并没有迫使那不勒斯的邦巴(Bomba of Naples)对他的政治反对派、遵守普通的人道精神。英格兰的行动或冷漠对丹麦也没起到什么好的效果;再也不能像在更早时期英格兰的自由主义者们热情地支持西班牙和葡萄牙的自由事业那样产生良好的作用。现在,几乎没有人会认为英格兰在1870年采取的政策是令人满意的。英格兰的这种策略当然并非华兹华斯的政治家气质所明确暗示的政策。因此，我们可以总结认为，除了在与华兹华斯的政治家气质相吻合的方面，英格兰的外交政策都是失败的，或至少没有取得成功。

疑问之三：为什么华兹华斯没有被视为英格兰最早的民族主义者？

华兹华斯没能获得应有的声名是因为他的政治家气质容易受以下两个原因的影响。其中之一可以用史文鹏(Swinburne)的话加以总结——他"下意识地预言了马志尼带给意大利和整个世界的信念"。① 研究华兹华斯的爱国十四行诗或《论辛特拉协定》的人都不会怀疑史文鹏论断的正确性。他是马志尼在英格兰最杰出的信徒。但是，人们只要将华兹华斯的思想转向主导着公共舆论发展的法律方面，人们就不会对以下情况感到惊讶，即一位几乎下意识地提出一种远远超越于时代的理论的先知，当他所提出的理论被其他人更加详细地加以阐述并被整个世界接受之后，他就会错失本应属于原创者的名誉。马志尼生于1805年，即华兹华斯的《论辛特拉协定》出版之前四年。并且在1840年之前马志尼在英格兰根本不为人所知。而且在1848年(也就是华兹华斯80高龄去世的前两年)，作为一种政治理念的民族主义在英格兰根本尚未流行。第二个原因是，当马志尼在英格兰开始变得知名的时候，他可以高举任何一位伟大的英格兰文学家的名字，将之视为自己的先驱者。不过，非常不幸的是，在许多方面马志尼都发现英格兰的民族主义英雄是拜伦而不是华兹华斯。因为1824年拜伦在梅索

---

① Swinburne, *Miscellanies* (1886 ed.), p. 148.

第五章 关于华兹华斯政治家气质的若干疑问

朗吉昂(Missolonghi)的去世遮盖了他一切的错误和内在的矛盾。人们不仅将之视为希腊自由事业的英雄,更认为他是为了普遍的民族独立献身的圣徒。此外,还可以进一步肯定的是,华兹华斯对民族主义理论的预示在华兹华斯有生之年无法通过马志尼大部分的英格兰朋友们而引起马志尼的注意。马志尼的英格兰朋友主要都是辉格党人和激进派。但是对于1830—1850年间英格兰的辉格党人来说,华兹华斯就是自由主义的背叛者,他被法国大革命吓坏了,因此在其晚年变成了十足的托利党人。也许除了像约翰·斯图亚特·穆勒这种理智的激进派人士之外,我们再不能期待其他任何激进派人士能够意识到华兹华斯从未抛弃过他对自由的热爱。因为,华兹华斯曾经公开地反对《罗马天主教徒解放法案》(Roman Catholic Relief Act)和《议会改革法案》(the Reform Act)。

疑问之四:华兹华斯在多大程度上预见到了民族主义所具有的某些有害的或至少是可疑的趋势?民族主义的弊端在华兹华斯去世后60年的历史经验中已经被充分显现了出来。

其中有两个可疑的后果。其一,民族主义具有瓦解而不是促进民族统一的趋势;其二,民族主义有可能刺激某个特定国家的民众,使其强烈渴望增强民族实力,并因此产生一种既有害于臣民个人自由又有害于其他欧洲国家独立的政府形式。

一、民族主义与统一。1850年,在大部分英格兰自由主义者们看来,民族主义似乎是促进诸如意大利和德国这些国家统一的手段。这些地区的居民都认为他们是一个民族,尽管部分由于历史原因而部分由于所谓的政治手段他们被分割成不同的国家。①同时,至少在意大利,民族统一是同宪政自由的实现和驱逐外国侵略者不可分割地联系在一起。因此,华兹华斯公开地支持意大利与德国的统一就是极其自然的。在这点上,他看的要比大部分英格兰人更深远。他是否曾经预见到,民族统一的渴望不仅能够驱逐外国侵略者,同时还有可能将那些原本有幸统一成一个民族的国家分裂?②对于这个问题,我们无法给出准确的答案。也许华兹华斯从未想到过这种分裂的可能性。此外,我们必须牢记在心的是,华兹华斯更加关心的是保护或恢复实际的民族的独立,而不是反复主张民族性,去宣称一个独立的国家。

民族主义与对国家实力的激情。在1917年看来,华兹华斯在这点上真正展现出了先知般的远见。没有任何人比他更加推崇民族的独立。正如上文已经指出的那样,③他担心有的国家的军事实力会变得无可匹敌,即便这个国家是大不列颠。因此,他认为,我们应该建立起新的均势,④并且这种均势的目标是为了确保任

---

① 1850—1860年间的自由主义者们都天真地认为,在一片土地上居住的一大群人,只要他们希望从政治上隶属的国家(State)分离出去,成为一个独立的民族(nation),他们显然就是正当的,并且遭受着他们原来组成的国家的政府无法忍受的伤害。这种对于反叛权轻浮的想法由于美国内战的爆发而受到震动。格莱斯顿曾经公开地将杰弗逊·戴维斯描述成一位不仅缔造了陆军和海军,还缔造了一个民族的伟大人物。对于这种观点,唯一值得同情的解释就是,那些支持格莱斯顿民族主义的英国政治家们误以为杰弗逊·戴维斯和马志尼、加富尔一样都是为同一个目标既民族独立而努力奋斗。

② 参见前文第91、92页。
③ 参见前文第89、90页。
④ 参见前文第90页。

何一个国家都不可能拥有不可战争的实力,从而威胁到其他民族的独立,无论这个民族多么弱小。在这点上,他不同于19世纪大部分的民族主义者。他已经从拿破仑的专制统治中吸取了最宝贵的经验教训。他知道,法国自己尽管也是专制统治的受害者,但或多或少都支持专制政府,因为专制政府高举着民族自豪的旗帜,尽管实际上它是为军事领袖的个人野心服务的。因此,他坚决认为:"无论如何我们都不能同法国讲和,直到使她遭受到羞辱,并且使她的实力被限制在合理的范围内。同法国作战既是为了我们的利益,更是我们的义务。"①他已经看到了一个庞大的国家令人战栗的一面,它就像一群鞑靼人那样在野蛮的本能的冲动下席卷而来,并且与此同时还装备着科学与文明提供的精良武器。② 他清楚地意识到,一个民族(nation)本身也有可能成为最令人胆寒的专制暴君。

疑问之五:华兹华斯是否是政治上的变节者?③

为了公正地回答这个问题,我们必须考虑到一些前提性因素。

首先,华兹华斯是否因为遭受到了恐怖统治的严重打击或者因为从托利党人那儿获得了大笔的金钱而抛弃了辉格党或任何其他的政党,今天再来讨论这些问题似乎是没有必要的。华兹华斯是一个拥有异常冷静的判断力的人(正如上文指出的那样④),并

---

① 参见《辛特拉协定》,第229页。
② 参见前文第116页。
③ 参见 An Examination of the Charge of Apostasy against Wordsworth, by W. H. White (Mark Rutherford). A review of Harper's William Wordsworth, by Vaughan, in Modern Language Review, xi, pp. 491-496; Wordsworth, Dict. Nat. Biog. lxiii, p. 12. (Leslie Stephen)。
④ 参见前文第8、9、51、52页。

且比起他的同时代人来,他更少被大革命的恐怖所吓倒。他更不会由于个人利益的缘故而放弃他认为正确的任何原则。这真是咄咄怪事,像勃朗宁(Browning)这种充满洞见的天才在年轻的时候居然会写下:

> 仅仅为了一把银子他就抛弃了我们,
> 仅仅为了一根扎在外衣上的丝带。

他的这句诗据说是用来形容华兹华斯的。不过,更加令人不可思议的是,在勃朗宁晚年,他为自己年轻时候的错误道歉;对于这位伟大的诗人,他写道:"我年轻时候,甚至成熟时期都误解了华兹华斯的脱党行为,这是一件必须忏悔的事情。华兹华斯的脱党实际上只是转向了他自己独特的政党。"①

其次,我们必须认识到所有富有洞见的批评家们在论及华兹华斯思想转变时都承认的一些事实。莱斯利·斯蒂芬爵士(Sir Leslie Stephen)是一位毫无偏见的传记作者,并且同华兹华斯私交甚笃,对华兹华斯的作品也十分了解,关于华兹华斯1815年之后的晚年,他写道:

> 他变得保守而令人尊敬。对于自由主义者来说,他像是一位变节者……华兹华斯1815年的"感恩节颂歌"……充分地表达了他所坚持的保守主义观点。尽管

---

① Grosart,i,preface,p. xxxvii.

第五章 关于华兹华斯政治家气质的若干疑问

华兹华斯思想的演进是忠实而理性的,它还是导致同托利主义产生了实际的联盟。他对地方政治充满了兴趣,这点从他致隆斯戴尔勋爵(Lord Lonsdale)中可以看出……并且在1818年出版的对威斯特摩兰的自由地产保有人的两篇演说中也可以看出,他是支持托利党的。他被当时的不满情绪惊醒,并且完全同意采取镇压手段。在晚年,他强烈地反对解放罗马天主教徒,并且认为《改革法案》(*Reform Bill*)将导致灾难性的革命。1819年1月13日,他担负起前往威斯特摩兰议和的使命。①

关于华兹华斯1815年之后的思想,斯蒂芬的描述十分公允。此外还有一两个值得注意却常常被人遗忘的事实。华兹华斯对于同法国的战争的态度在本质上是连贯一致的。这点,他自己的话是最好的证明。1821年,他写道:

> 战争开始的时候,我是不赞成同法国的战争的,我认为战争有可能得以避免(这点也许是错误的判断)。但是当波拿巴破坏了瑞士的独立,我内心就开始反对他,并且反对同意成为他的暴行工具的这个民族。在这点上,我从情感上就与辉格党人分道扬镳了,并且在一定程度上同他们的死对头联合起来。福克斯先生及其政党幻想着能够同法国缔结可靠而光荣的和平,并且能够通过商业

---

① *Dict. Nat. Biog.* lxiii, p. 22.

上的竞争软化像波拿巴这种野心勃勃的征服者。托利党人完全不受这种幻象(我确实应该认为辉格党人的想法是幻象)的欺骗。①

以下这段对华兹华斯微妙的批评是意味深长的,它指出了一个华兹华斯的崇拜者们通常不愿意承认的事实:

> 从中年早期开始,华兹华斯整个生活就开始有些顽固僵化。并且……在45岁之后,他已经完全无法接受新的思想,无法接受诗歌创作的新形式……我们也许只能认为,发展的停滞本身是由于生理上的原因导致的。除了一些引人关注的例外,他的创作激情在45岁就戛然而止了,这也许是由于他的生命力、充沛的激情在早年就消耗殆尽了。他早年充满激情的生活,在创作高峰时期过强的精力付出,这些似乎比他自己或其他人所意识到的更快地透支了他的生命。②

华兹华斯对新思想的冷漠不仅影响了他的诗歌创作,同时也影响了他的政治判断。

第三,我们必须充分地认识到,我们的问题本身可以分解成两个实质上完全不同的疑问:

---

① Knight, *Life of William Wordsworth*, 1889, iii. 58, 59.
② *Modern Language Review* (October, 1916), xi, p. 495.

第五章　关于华兹华斯政治家气质的若干疑问

一、华兹华斯抛弃了辉格党吗？

华兹华斯从未抛弃辉格党，因为他从来就不是一个辉格党人。青年时期，他是一个共和主义者；而从 1802 年起，至少在 13 年里，他是托利党人的朋友，并同他们结成同盟，在一些当时重要的问题上，他是赞成托利党人的。在他看来，辉格党人作为普通人，在英格兰危急的生死关头没能承担起他们作为一个政党应尽的义务。华兹华斯之看待辉格党人，就正如今天大部分英格兰人看待一小撮英格兰人的态度一样：这一小撮英格兰人纠集成派，鼓吹应当同德皇（Kaiser）讲和，他们坚持认为，德皇是欧洲致力于自由、公正和人道的君主。要同这样的辉格党人联盟对于华兹华斯而言是万万不能的事情。此外，即便在拿破仑的去世已经最终将拿破仑专政对人类自由的最后一丝威胁一扫而空的时候，正如上文指出，华兹华斯甚至同诸如约翰·罗素、西德尼·史密斯之流的辉格党人在一些根本的问题上仍然存在分歧。而罗素、史密斯这些辉格党人曾经在支持对法战争这个问题上同华兹华斯站在同一战线上。"对于华兹华斯来说，国家内在的精神生命是最为重要的，而对于他们来说却一文不值。"① 这种分歧完全无法弥合，并且它本身必然以各种不同的形式体现出来。辉格党人的许多观念本身是华兹华斯根本不可能接受的，它们敌视地方的自由与地方传统，而华兹华斯却无比珍惜这些事物。辉格党人丝毫不关心国家的内在生命，只关心工业的发展。边沁主义者以及后来的曼彻斯特学派都反对华兹华斯的理想，并且在外交政策方面，他们对不干涉义务的

---

① *Modern Language Review*, xi, p. 492.

解释简直就是要否定英格兰的外交义务。而华兹华斯却曾经强烈地要求英格兰进行干涉,以保护弱小国家的独立不会遭受到其周边势力强大、武备精良的国家的威胁。① 此外,我们不应当忘记,还有一点可以证明华兹华斯至少在1832年之后不再卷入英格兰政治是合理的。政治并非他最终的天命。在英格兰与拿破仑之间进行生死存亡斗争的时候,他受到了一种先知式的冲动的驱使,不得不向他国家的人民揭示出会阻碍他们在战争中取得胜利的错误,并提醒他们应承担的义务,以及说服他们相信战争必将取得胜利。英格兰最终采取了华兹华斯在诗歌和文论中提倡的政策,而英格兰的这种做法在多大程度上受到了华兹华斯的努力的影响,现在谁也无法论证。暴君被推翻了,并被囚禁在圣·赫伦娜。华兹华斯先知般的任务完成了,他的事业成功了。即便对于一位政

---

① 后来的经验表明,人们不可能调和华兹华斯的民族主义(它要求保护诸如比利时、瑞士这些小国的独立不受强大邻国的欺凌)与曼彻斯特学派提倡的不干涉原则。事实上,科布登的全部教诲与华兹华斯的政治家气质具有更加深层的差异性。谈到科布登,每个人都必须致以最高的敬意;他为英国做出了伟大的贡献,同时他还是少数一些总是试图将自身所倡导的所有政策都以自身认为正确的前提假设为基础。不过,莫雷的《科布登传》(*Life of Cobden*)中有一段话(vol. i. 130)没有得到应有的重视。1838年,这位伟大的自由贸易论者坚信,普鲁士拥有欧洲最好的政府,并且给予其相当高的评价:"为了确保英国也处于这种状况之下,我很高兴不顾自身的品位,而开始谈论政治。"这里不再累赘地引用这段话,不过科布登"对开明专制主义(beneficent absolutism)的恭维之辞"与蒲柏(Pope)的诗句具有异曲同工之妙:

不同的政府形式还是留给傻子们去争论吧,
治理得最好的政府就是最佳政府。

不过,这种政策与理论是蒲柏的诗歌理论与实践,与华兹华斯的精神完全背道而驰。

治家，如果他觉得自己承担的任务已经完成了，他就可以归隐山林了，这也是十分合理的。同样的原则也适用于这位诗人与先知。华兹华斯的天赋最适宜于鼓舞伟大民族在艰苦卓绝的战争中所需的崇高精神与勇气，他的天赋并不必完全适于指引这个民族在合理的经济改革的道路上前进。

二、华兹华斯对民族主义事业变得无动于衷了吗？

有人认为华兹华斯实际上是一位政治上的变节者，反驳这种指责还是比较容易的。而要对如下的看法做出回应就要难得多，即有人认为华兹华斯至少早在1825年或1826年间就已经不再热衷于支持民主自由和民族主义这一主张。据说，早在1826年，华兹华斯就不再对当时的任何政治事件感兴趣了，并且"虽然他曾经英雄般地、神圣地写下了反对拿破仑专制统治的诗篇，但是他对接踵而至的使那个时代蒙羞的僭政（例如西班牙的僭政）却无动于衷。"①人们想要知道这些看法中包含了多少真实的成分。由于诸如克拉伯·罗宾逊（Crabb Robinson）之类的自由主义者们发自心底地（bona fide）认为华兹华斯在国内政治方面几乎和叛徒差不多，因此人们自然更容易对华兹华斯晚年在外交政策方面的看法产生误解。由于1832年有一位自由主义者没能注意到我们前文已经提及的华兹华斯民族主义中一个特点，因此对华兹华斯的误解又更加深了一步。华兹华斯实际教导的理论对民族（nations）的尊重远甚于对民族性（nationalities）的尊重。华兹华斯总是严格

---

① 转引自 Crabb Robinson，参见 Harper，ii. 338，339。这些话最有力地反驳了人们对华兹华斯的这项指责。

111 地区分由外国势力对一个国家施加的压迫与由本国国王或暴君的不当统治而造成的压迫。① 当他在攻击拿破仑的时候,他思考得更多的肯定是将瑞士从法国军队强加的专制统治中解放出来的义务,而不是将法国本身从拿破仑的专制统治中解放出来的义务。并且,华兹华斯内心坚定地相信(或许可能过于激烈),一个民族只要它不是遭受外国侵略者统治,它最终就能够通过它自身的力量摆脱各种专断的统治。华兹华斯的这一信念又加强了他所做的上述区分的重要性。这种信念必定会使华兹华斯在涉及推翻并非由任何外国势力支持的专制统治的问题时表现出或多或少冷淡的态度。人们可能会谴责西班牙国王的专制统治,但是人们对于从英格兰派遣一支英格兰远征军[约翰·斯特林(John Stirling)几乎就要采取这种行动了]支持叛乱的西班牙的自由主义者们反对国王专断的统治是否合宜则会持怀疑的态度。正如上文指出的,华兹华斯的冷淡态度在很大程度上也是由于其精力的衰退。

相反,许多事实能够证明自由主义者对华兹华斯的批评是片面的,他们对华兹华斯晚年对待公共生活的态度的描述有失偏颇。当一个人在其青年时期曾经亲眼目睹了在法国发生的革命斗争的惨烈,他自然就会觉得,英格兰的《改革法案》有导致无政府和革命

---

① "内生的压迫与外来的压迫之间的区别是本质性的。至少,内生的压迫在人民的心中并不会排除一种自治的情感。它并不要求人们放弃理性机能对人类所提出的首要义务(而完全的外来压迫却要求人们放弃此项义务)。"《辛特拉协定》,第167、168页,并对比第158、159页。这实质上意味着外来统治者施加的僭政摧毁了一个民族,而得到部分人民支持的内生之僭政并不像外国强加的僭政那样具有破坏性。参见前文第86页。

的危险。华兹华斯从来就没有自欺欺人地认为,法国大革命在六月的三个光荣的日子里就终结了,而大部分英格兰的自由主义者却都这么认为。并且,如果人们能够从法国的经验中意识到一个国家要建立真正自由的政府是异常困难的,那么人们就能原谅华兹华斯对1829年《罗马天主教解放法案》的疑虑。华兹华斯疑惑,《罗马天主教解放法案》是否会导致英格兰与爱尔兰之间的关系发生危机。无论如何,我们值得引用一些直接的证据,表明华兹华斯对公共事务的兴趣在其晚年事实上也并未消退,并证明直到去世的那一天,华兹华斯都依然是那个年轻时的华兹华斯,而远非像1815年到1850年间的辉格党人或自由主义者们所认为的那样。

1831年,当时还是一个25岁的小伙子的约翰·穆勒游历了湖区,并且经常碰见华兹华斯。关于这位诗人,他是这样描写的:

> 关于华兹华斯,有许多事情使我感到特别吃惊。其中之一是,他思想的视野极其宽广,而情感又是非常博大而宽广的。这些特点都不曾在他的作品中,尤其是他的诗歌中体现出来。人们也许禁不住从他的诗歌的独特特点中推断,认为人类(除了农民和其他农村居民之外)的真实生活和现实的追求不会引起他的兴趣。然而事实是,这些事物构成了他思想的绝大部分。比起其他事务来说,他对社会状态和政府形式的讨论是最具建设性的。所有熟识华兹华斯的人都会对他才华中的天主教气质印象深刻。有人曾告诉我,洛克哈特(Lockhart)曾经谈到

华兹华斯,他说华兹华斯曾想成为一名令人羡慕的乡村律师。而如今,无论是现在的华兹华斯还是曾经想成为的乡村律师,都只是环境所引导他成为想要成为的人。使我吃惊的第二件事情是他所具有的哲学精神和思想的综合性。这里我指的是德国人明确地称之为片面性的直接对立面。对于每一个问题,华兹华斯似乎总是能够了解其正反两面;并且当人们认为他在正反两方面的平衡取舍上做错了,那只是因为人们认为他错误地估量了某些事实。因此,我同他,以及同任何其他有思想的托利党人之间的分歧都是关于事实与细节的分歧。而我同激进派还有功利主义的分歧则是原则性的分歧。因为激进派和功利主义这些人(these)一般都只是从一个方面来看待事物,因此如果试图说服他们,就必须将一些崭新的观念灌输到他们的头脑中。而华兹华斯的头脑中已经现成有这些观念了,你只需要同他讨论某项原因或理由相较于其他原因或理由应当占据"多大"的比重。因此,与华兹华斯的分歧就只是一些变量上的问题,这些变量在某个时代或某个国家中是最大的(plus),而在另一个时代或国家中却是最小的(minus);并且,整个问题只是一个观察与证实的问题,取决于特定证据的价值。如果有人在某个问题上的结论同华兹华斯相左,而第二天某个大臣或议员又正好要解决这个问题,那么他的观点事实上就会是大家共通的观点。这是毋庸置疑的。我们的原则是相同的,我们就像是分别在河流的两岸朝着同一个目

第五章　关于华兹华斯政治家气质的若干疑问

的地进发的旅行者。因此,人们会发现,在华兹华斯特别擅长的一些领域,例如在他自己的关于诗歌这门艺术(也就是说,如果艺术可以被定义为是用语言或别的形式表达自然中最崇高与最精细的部分,那么我们可以将诗歌适当地称为艺术)的理论方面,任何同他交谈过的人无不都认为,在这个重大的事务方面,华兹华斯超越了其他任何人,他很可能是既能够在这门艺术的实践中取得辉煌成果又能对其原则进行深刻的思考与抽象归纳的第一人。除此之外,在我看来,他是我所遇到的最优秀的交谈者(我曾经遇到过许多一流的交谈者)。你看到了,在华兹华斯的诗歌艺术方面,我在某种程度上是持热情的褒扬态度的,我发现他是一个比我通过他的作品所认识的更加令人崇拜、更加令人愉快的人。这种情况是极其罕见的,因此,当人们发现这种情况之后,他对人类的信心就会大大增强,并且会感觉十分幸福。华兹华斯的家庭也令我感觉很愉快——至少是其家庭中的男性。人们说服我相信,最适宜于看到华兹华斯的地方就是在他自己的王国——我把那整个山区称为他的王国,这点正如后来纳基托什(Natchitoches)或者斯温河(Swan River)的人们所看待的那样,也正如我们自己看到莫纳鲁斯(Moenalus)、塞非苏斯(Cephissus)、巴亚(Baiae)和索拉克特(Soracte)一样。他正是生于并长于这种得天独厚的环境中。我相信,若不是在那里,你肯定不能真正了解他。因此,在谈论他在这片诗歌国度中所居住过的小寓所或庭院时,我并不是想要告诉你一些这些地方过去发生的故事。从地理位置而言,这个地方也许是全国最适宜居住的地方。这个地方独有的景致在于,从这里可以纵览整个威斯特摩兰山区的全貌,并且从这里可以瞭望到的每一处景致都被永恒地记在了华兹华斯的诗歌中了。华兹华斯对所有优秀的诗艺都能包容并蓄,无论与他自己的多么不一致;并且他身边的每一个人似乎都能习惯性地且自由、不做掩饰地讨论并批评他作品中的任何文段或诗句。而批评从来都不会使他感到不悦。这些都使我感觉十分愉快。①

穆勒的这些描述是对晚年的华兹华斯生动贴切的描写,其中每一个词句都值得认真阅读。1837年,华兹华斯到意大利旅行。正如史文鹏所指出的,当时意大利的希望十分渺茫,并且意大利统一的事业也还并未引起英格兰人浪漫的同情。然而,当华兹华斯从阿尔巴山眺望罗马时,他从心底发出了民族主义的情感,并描述了意大利的复兴:

> 名扬的国家,请原谅这些叹息,
> 与其说因你的美好山岭平原
> 都是些狼藉横陈的残碑断简,
> 都是些欲坠或已倾的颓迹,

---

① *Letters of J. S Mill*, i. 10-12.

第五章 关于华兹华斯政治家气质的若干疑问

不如说类似的精神状态勾起
叹息,精神废墟才更动人哀婉,
信心已经破碎,却为绚丽冠冕
得意;道德沦丧,力量正在衰朽。
没落的强国,为什么延续哀音?
振作起来,你的力量能够激发
那预告美好日子的喜悦歌吟,
那时你将奋起,不再戴锁担枷,
凭最高主宰的帮助,迅速踏入
你的第三次复兴的伟大征程。①

1846年,宪章主义者以及诗歌"自杀者的炼狱"(The purgatory of Suicides)的作者托马斯·布朗(Thomas Brown)刚刚从因妨碍治安的监禁中被释放出来,他拜访了华兹华斯。他受到了热情的接待,并且对这位诗人格言般的话语感到震惊与鼓舞:"你们宪章主义者是正义的;你们有权获得选举权,只是你们采取了错误的方式去获得这些权利。你们必须避免采取暴力。"在76岁高龄时,华兹华斯年轻时作为革命者以及作为吉伦特派朋友的精神依然在闪耀着光芒。他对辉格党人的评价可能并不高,但是在他去世前的四年里,他也绝不是一名托利党人。

---

① Hutchinson, pp. 360, 361,尤其参见 Swinburne, *Miscellanies*, pp. 148, 149。(译文采用谢耀文译诗,参见《华兹华斯抒情诗选》,谢耀文译,译林出版社1991年版,第330页。——译者)

第六章　华兹华斯的政治家气质对当前战争的启示

英格兰今日之处境与她在1803—1815年期间的处境极其类似。和当时一样,如今她也对装备精良的专制帝国主义发动了神圣的战争。华兹华斯的一段话要比无数的论述更加有力地证明了这个事实:

> 看到一个庞大的民族像鞑靼大军一样迅雷不及掩耳地涌出他们自己的领地;他们受到了同样野蛮的本能冲动的刺激,同时还装备了由科学与文明提供的毁灭性的武器装备。这真是骇人的场面。这些就是法国军队的行动;他们不受任何思想的限制。随着人道的进步,哲学以及社会的精神本应能够决定或规制由科学与哲学提供的致命的、毁灭性武器的使用。由于对事物进行了类似的曲解,以及对他们天然的敌人的力量进行了同样错误的协调,这些革命性的冲动和野蛮的(barbarous)人[也许更糟的是被野蛮化的(barbarised)]的贪欲体现在一种新的政体形式中;它延续了旧制度,而不再有旧制度的缺陷和弱点。而最糟糕的是,人们的思想发生了变化,他们都

坦率地遵循如下的原则行事,即认为只要一个国家最高的权力能够可靠地完成的事情都是可以做的。①

这是华兹华斯1809年所说的话。只要稍微改动一个词,就能用于描述我们今天在1917年必须加以摧毁的德国专制主义。因此,我们能从华兹华斯那儿获得许多启示。

第一,英格兰最重要的是必须保持自律。这体现在多种形式中。

我们必须千方百计"公正"地对待德国。为实现这个目标,我们必须培养一种正义的思维习惯。在谴责或处置最恶劣的公共犯罪行为时,我们不仅要在行动与判断上,更要在言辞上保持冷静。在这点上,华兹华斯为我们确立了最高贵的榜样。华兹华斯描述波拿巴及其专政统治的词语没有一个是凭空捏造或恶意诋毁的。他"为波拿巴感到悲痛",并且从拿破仑的生涯中吸取了一项重要的教训以为后世警戒,即真正的统治技艺不是从斗争与战争的经验中学来的,而是从:

> 书本、悠闲而完美的自由以及
> 周末时分人们在闲暇的散步过程中进行的
> 思想交谈。②

中学到的。

---

① 参见 *Tract*, p. 178。
② Hutchinson, p. 304.

不过,同时我们还必须记住,在惩罚德国的过程中,我们有义务保持公正(并且应当是严格的公正)。即便我们赢得了胜利,为了保证遭受到德国毁灭性伤害的比利时、法国、俄罗斯以及所有其他奋起抵抗德国专制统治的国家能够从德国及其盟友获得适当的赔偿,我们必须保持公正的行为。公正的审判是和良好的本性(good nature)没有任何关系的。联合王国在所有组成不列颠帝国的国家的支持下,也遭受了德国沉重的打击,但是不列颠帝国所遭受的伤害不像其他国家那么大,那些国家的领土被德国侵占并因此遭受了不可估量的损失与伤害。因此,不列颠的公民们必须决定他们自认为合适的赔偿。但是无论是英格兰还是不列颠帝国的任何组成部分都没有权利仁慈地对待德国,例如宽容德国对比利时和法国犯下的残暴且无可挽回的毁灭性罪行。我们必须记住德国人犯下的每个罪行的细节,并且在战争结束的时候,当我们第一次听闻这些史无前例的暴行时,我们能够对比利时人遭受到的伤害感同身受。对德国人的宽容仅仅意味着大西洋这一面每一个独立的民族都将处于永远的不安全状态。

此外,英格兰犯下的错误都招致了华兹华斯先知式的批评,所有这些错误都影响了英格兰人在这场大战中取得胜利,影响了英格兰人履行这项最为紧迫的公共义务。在这点上,我们应当遵循华兹华斯的教诲,应当暂时搁置或限制各种奢侈的活动、娱乐活动和欢宴庆典活动,这些活动与人们心中充斥着的个人悲痛是不和谐的。不仅是联合王国的人们,而且还有包括法国、比利时、俄罗斯、意大利、罗马尼亚、德国、奥地利以及也许我们可以毫不夸张地说欧洲所有国家的人们,都沉浸在战争的悲痛之中。联合王国的

第六章　华兹华斯的政治家气质对当前战争的启示　　**131**

政治阶层总是具有许多无可置疑的缺陷,他们能够十分适宜地解决当前的处境,这的确令人难以置信。任何一个普通的英格兰人都不可能认为,至少在战争期间不应当采取严厉的措施停止或管制酒精饮料的销售。所有人都会发现,为了解决严重的困难以及可能的危害,必须在这些方面采取一些必要的措施。因此,即便是那些在早年时期曾经浸淫于穆勒对个人自由高贵捍卫的精神中的人,如今也发现,当战争席卷了整个文明世界的大部分地区的时候,穆勒的原则必须受到极大的限制。大约40年之前或更早一些,有一位杰出的、深受尊重的英格兰国教主教曾经有魄力地写道:"他更愿意看到一个自由的英格兰,而不是一个理智的英格兰。"①他的这些话是在抗议某种形式的狂热思想,并不是要鼓励也并不想鼓励人们得出结论认为,即便会因此导致在一场战争中被暴虐的敌人打败,并因而使英格兰的独立与自由都被剥夺,英格兰也还应当迷醉不醒。

第二,英格兰应当适当地尊重民族主义。

英格兰及其盟友担负着一项打败新的帝国主义专制统治的庄严任务。这场神圣的战争只能通过确保遍布在整个欧洲的每一个民族国家——无论大小,例如西班牙、葡萄牙、比利时、瑞士、荷兰、丹麦、挪威和瑞典等——的自由与独立来实现其自身的目标。用华兹华斯的话来说,即我们需要一种"新的均势"。

华兹华斯明确地指出,英格兰应当保卫并恢复每一个既存民族(无论大小)的独立。他同时也意识到,一个国家(country),例

---

①　参见 Life of Bishop Magee, *Dict. Nat. Biog.* xxxv, 315-317。

如意大利,尽管被分成了不同的国家(States),但是它的人民无不觉得在精神上他们是属于一个国家的,因而时机足够成熟可以获得民族统一。那么,人们就不应当阻止它获得统一。在这点上,华兹华斯是超越其时代的。但是,关于英格兰应当在何种程度上激励新的民族性(nationalities)的发展,或者对于应当在多大程度上将那些很久以来都不再独立存在的民族以历史的理由加以复兴这个问题并未确立任何准则。因为当时并不是考虑这个问题的时机。他自然不想通过种族或语言上的分歧而在整个文明世界点燃仇恨。他一刻也不曾想过要以某些独立民族的古老传统为理由摧毁两个在政治上联合在一起的国家的真正统一。他发现,英格兰应当更加明确地承担起保卫现存民族之独立的义务,而不是去复兴或创造民族性。介于我们时代的新情况与新需求,我们难道不是应当重提华兹华斯的观点,并重新审视他的民族主义思想,思考他对民族主义思想进行的限制吗?如今,文明世界正由于一个国家的崛起而受到了致命的威胁,这个国家藐视一切人道或正义的传统,并且拥有超常的军事能力。这是人们必须首要考虑的问题。我们所有人都知道,并且我们一刻都不能忘记华兹华斯预言的充分含义:

> 当邪恶不受限制,只是一味地扩张其权力,并且就像吞噬一切的大火一样急不可耐地向前时,唯一有效并适当的反抗就是一种无所畏惧的美德;除了国家的权利之外,不惜其他一切代价,并且这种美德是从她精神的热情中涌现出来的。在这点上,基督对每个人的劝诫也应当

成为每个民族的座右铭:"所以你们要完全,像你们的天父完全一样。"①

第三,我们的义务(同时也应当是我们的目的)是通过自由与有美德的方式实现自由与美德的目标。②

华兹华斯用近乎神谕一般的神秘语言提出这一训诫。不过,如果人们对此加以适当的理解,对于当前这场战争而言,它便包含了两项可以指导英格兰的有价值的准则。

首先,当德国被控违反了广为接受的国际法规则或破坏了旨在减轻战争残酷性的一般规则与习俗时,这一训诫禁止使用单纯的报复,尽管报复是民众一直所要求的。就在几个月之前,我们都担心一艘英国商船的船长有可能会由于在德国勇敢而合法的自卫行为而被处决。这位船长在商船遭受德国潜艇攻击的时候进行了英勇的抵抗。很快就有人建议,如果德国人干出了这种蠢事,英格兰人也完全可以进行报复,将在英格兰的一些没有犯任何罪行的德国人处决。然而,此类的报复行为最终遭到了反对。这种行为会牺牲战争的合法目标,即拒绝并防止采取会增加战争恐怖性(frightfulness)的政策。效仿犯罪行为并非抑制犯罪的有效手段。仅仅由于有一个没有犯下任何罪行的英格兰人在德国被无辜地处死,就决定在英格兰将一位无辜的德国人也处死的做法会动摇所有通常的正义观念。我们可以用一个极端的例子来证实这点。假

---

① 参见 Tract, pp. 188, 189。
② 参见 Tract, p. 141。

设德国人为了增加战争的恐怖性将一名英国囚犯折磨致死（幸而这种观念对于我们来说是不可置信的）。在英格兰或其他任何文明国家，没有一个人不会感觉到，如果英格兰人也通过将一名无辜的德国人折磨致死进行报复，这种报复行为必定会使整个文明世界的道德判断大为震惊。我丝毫不否认，有时候要区分报复和惩罚是极其困难的。其本质区别是：报复根本上就是复仇，而惩罚则不以报复心的满足为目标，而是为了防止将来的再犯，因此当然不应当对那些没有犯罪的人造成直接伤害。因此，法国军队有一天可能会占领科隆，就像它之前曾经占领过一样。在华兹华斯这样的道德人士看来，单单是德国军队摧毁了朗斯及其大教堂本身还不足以证明法军摧毁科隆及其大教堂的合法性。然而，实际的情况和想象的案例是很不一样的。设想法国还有一部分领土仍然被德军占领，而且德军所占领的这些地区就有许多大教堂和拥有极高历史价值的建筑。在这种情况下，英格兰及其盟友就可以合法地宣布，如果这些大教堂或历史文物被德军有意地破坏，那么科隆大教堂也必将寸瓦不留。因为威胁与将会施加的这种惩罚有可能阻止犯罪行为的发生。

其次，我们的训诫要求，在一场为了自由与美德而开展的战争中，我们应当采取那些其本身总体上有益于实现这些高贵目标的手段。这一点尤其值得强调，因为在现时代它常常遭到人们的遗忘。有许多杰出的人物，由于渴望着战胜德国，他们都认为，单单某些行为由于被德国普遍采用这一事实，就构成了英格兰也能够采用或模仿类似行为的显见（prima facie）理由，而不论这些行为本身是否值得谴责。这种想法有一定的道理，并且因此似乎产生了强大的影响;人们都忘记了效仿德国人的行为有可能降低英格兰的美德,并从长远来看会削弱英格兰的力量。可以举一些例子反映我所表明的含义。在普鲁士的领导下,德国正在成为或已经成为了一个主要致力于追求战争胜利的国家,德国因此实力(至少在战争方面的实力)大增。但是,在现在的英格兰,人们不应当忘记,一个伟大而文明的国家的存在大部分时候是为了促进和平与真正的文明,并且和平是文明存在的基本条件。同时,人们也忽视了,个人自由尽管在如今的处境下遭受到轻视,但是它拥有自身的美德与力量,丝毫不比军事主义差。即便当前这场战争也表明,当联合王国遭受到外国专制统治者的攻击,不列颠帝国——这个现代世纪最伟大的自由国家——的每一个组成部分都会众志成城保卫联合王国,而如果有人想要找寻不列颠帝国统一的源泉,我们可以满怀信心地告诉他,不列颠及其自治领的统一是自由的产物。自治领的忠诚一直以来主要源于现在遭人嘲笑的自由放任(laissez faire)(请允许笔者冒昧地使用这一表达)政策。我的朋友哥德金(Godkin)先生生于联合王国,并在联合王国接受了教育,他是一位天才的作家。他晚年在美国产生的影响(为了实现一些高贵的理想)要比其他任何不在美国出生并受教育的公民都大得多。他常常认为,罗马在战争中取得的胜利根本上是由于罗马人在公民的公民美德(civil virtue)方面进行了令人羡慕的培养。这一悖论常常遭到哥德金的听众的反驳,然而在我晚年时期看来,他的观点包含了一项重要的真理。即便在战争中,英格兰的自由,尽管它暴露出了英格兰的一些弱点,却也证明自己拥有神奇的力量。从跨过海峡的那一刻起,这支"不起眼的小军队"就变成了一支没人敢轻视的军队,并且迅速地发展成几百万人的大军。我们都承认,在战争刚刚开始的时候,英格兰人从德国人那里学到了许多东西。但是,我们同时也必须记住,个人主义以及英格兰的个人自由也为大陆上的军国主义国家带去了许多有价值的启示。有哪一个理智的人敢相信,尽管普鲁士军队严厉的纪律在许多方面可能是令人羡慕的,然而这种严苛的纪律有可能是得不偿失的。它即便对于德国来说,也并非百利而无一害。向耶拿挺进的德国军队继承了腓特烈大帝的传统与训练方式。不仅是德国人,甚至其他国家的评论家们都认为,这支军队是当时欧洲最精锐的部队。然而,德军在耶拿遭到了惨败。不过即便对于罗马的军队来说,遭受几场败仗也算不上什么。最重要的是,德军一失败就陷入混乱之中,尽管德军的指挥官和士兵们个个都充满了勇气,就像今天他们的后代一样。混乱也算不上什么。被训练成为庞大战争机器的组成部分的士兵们,一旦看到这台战争机器损坏或运转不灵了,他们通常就陷入茫然与困惑之中。再者,任何会削弱指挥官和士兵之间真诚的善意纽带的训练方式都是得不偿失的。因此教导士兵应当严格服从命令的纪律无法赋予士兵充分的个人自由,导致他们在缺乏命令的时候不知如何作为。我们每个人都必须保证的是,在满足了英格兰人不受一些公认的缺陷伤害这一正当愿望之后,我们不应当忘记,自由尽管可能存在各种各样的缺陷在总体上是英格兰之所以伟大的根源,并且也是缔造不列颠帝国的精神。关于未来,唯一可以确定的是,即便战争结束,联合王国以及甚至不列颠帝国都有可能要在几年时间内维持一支常备军——在19世纪的大部分时间里,相较于英格兰维持的军队来说,它似乎显得异常庞大。

有人希望军事训练成为每一个英格兰人教育的一部分。同时还有人也希望,不仅军事训练应当普遍化,同时,义务兵役制(至少在海外服役)应当成为我们军事体系的组成部分。

然而,如果我们将目光从英格兰移开,而考虑一下法国的情况,那么我们就能更加容易地理解华兹华斯训诫的根本价值,即为了实现有美德的目标(例如在正义战争中获得胜利),我们就必须使用自由与美德的手段。虽然法国是一个盛产伟大将军和战无不胜士兵的国度,但是旧制度之下的法国几乎和大革命后的法国一样是一个有着活跃的市民生活的国家。她是一个有常备军的国家,但是并没有被军事化。而且法国还是一个重生与复兴的国家。法国民族和法国军队现在已经成为了一体。也就是说,普通民众和士兵将他们的美德结合在了一起。法国人的勇敢和他们的耐心相互结合。今天也许还有许多人能够记起,就在克里米亚战争结束不久之后,到处都有人对我们说,法国的制度更为优秀。而现在又有许多人对我们说,德国的制度更加优秀。这两种说法都并不完全正确。但是,人们必须记住的是,法国的自由精神带给人类的启示和德国的军事纪律以及科学的训练方法带给人们的启示一样重要。因此,难道还有任何有理智的人会建议,在军事事务方面,法国人应当完全效仿德国人的榜样?我们现在所看到的只是,尽管法国对每一个法国男子都进行军事训练,但法国仍然不是一个军国主义的民族,而且法国也能够维持一支除了在数量方面都能与德国军队至少打个平手的军队。并且,如果看看凡尔登,那么我们也许可以说法国军队并不仅仅能与德国军队打个平手。对于法国人来说,他们的军事能力并未摧毁他们的公民美德。虽然法国的精神在许多方面不同于英格兰的精神,但是在这两个国家中,自由都在其进步的过程中发挥了重要的作用。在法国和在英格兰一样,人们在面对德国残暴统治所取得的胜利时从来不会惊慌失措,自由的人们不会忘记,甚至在战争中,他们也宁愿尽可能地采用不仅与美德这一目标更与自由这一目标相匹配的手段。

第四,在战时,英格兰人应当承担起希望的义务(duty of hope)。

也许华兹华斯自己的话是对这项义务最令人印象深刻的解释:

> 等一等,诗人说要给他应得的表扬,
> 他无邪的诗一直歌唱崇高的自由,
> 他始终怀着坚定的希望,
>
> 即使在这凄风苦雨的念头。
> 为了自己的荣光,天国把那希望——
> 无尚的天职刻在人类如焚的心上。
> 我们的灵魂绝不可
> 把一个真理遗忘:
> 最怕不能以清醒的目光,
> 注视暴君的得以猖狂。
> 人间血泪横流,正义不能伸张,
> 根源在于暴君的苛政。
> 不幸的人们啊!愤慨之余不可忘:

第六章　华兹华斯的政治家气质对当前战争的启示

暴君的王座建筑在你们的软弱之上。(1811年)①

即使在拿破仑取得辉煌胜利的那些不幸的日子里,华兹华斯也从未动摇过自己的希望,并且他将希望同对充满美德的自由的热爱以及对那些用困惑的双眼注视着洋洋得意的暴君的人的严厉咒骂联系在一起。据此华兹华斯自认为有权获得诗人与爱国者的双重声名。并且他确实是正确的。从《亚眠和约》到滑铁卢战役的那些年(1802—1815年),英格兰人最迫切需要的一件东西就是希望,它是保证国家实力必不可少的条件。② 并且华兹华斯充分地展现出了他对人性的深刻洞察,他没有将希望归结为一种快乐或安慰,而是将之定义为是上帝为了自身的荣誉而搁置在人类受伤的心灵之中的最高义务。因此,在这点上他有别于最虔诚甚至最优秀的牧师。牧师们通常都试图通过诉诸人们的恐惧而引导人们走上正义之路,而华兹华斯则诉诸最神圣的希望。可以肯定的是,在拿破仑大获全胜的时代里,要履行希望的义务是十分困难的。此时此刻,虽然还有许多鼓舞人心的事物,但是要履行希望这项义务也是和在拿破仑的胜利时期一样困难的。也许我们必须年复一年地认真应对这项任务。没人能预言这场战争将持续多久。显然,这场恐怖的斗争中的双方都发现,对手的实力大大超出了他们的合理预期。人们也许可以冒险地认为,联合王国以及坚定支持王国的自治领还没能取得他们原本期待的胜利的原因是,他们未

---

① Hutchinson, p.321.(译文采用谢耀文译诗,参见《华兹华斯抒情诗选》,谢耀文译,译林出版社1991年版,第252页。——译者)

② 参见前文第75页司各特的话。

能充分地意识到希望是一项义务。我希望(尽管这是十分冒昧的一个希望)能带领着居住在大不列颠和爱尔兰的大多数民众们阅读并思索华兹华斯光辉的十四行诗,这会是最大的荣幸。这首诗的精神能够祛除人们过于卑贱的担忧。它能够使我们每个人都认真对待各自对于国家的义务,使我们不再徒劳地批评人们在这场战争中采取的行动。无论这些人有怎样的缺陷,属于哪个政党,他们都被最普通的爱国主义精神以及最明显的野心所驱使,不得不尽其所能地保证获得每一个忠诚的不列颠臣民希望并祈祷能够获得的胜利。如果人们的精神能更多一些理性的希望,那么人们就能避免一个荒谬同时又极其可悲的错误:由于受到一封含混的关于朱特兰战役的电报的影响,英国公众误将一场光荣的胜利当作悲惨的失败了。理性的希望必定能够鼓舞起我们对英国水手们的英勇和善战的无限信心。联合王国的所有民众们,请你们不拘一格地完成最崇高的这项任务吧。没有必要求助于我们的士兵或水手。我们的海军和陆军中各个阶层的军官和士兵们,他们高昂的斗志和他们的勇气一样都是十分著名的。

第五,英格兰及其盟友必须拒绝一切不是以彻底的胜利为基础的和平。

我们不能再有第二份《亚眠和约》了,其原因有二。不完美的和平对于英格兰来说就是彻底的失败,而失败则意味着英格兰和不列颠帝国的毁灭。其次,不完美的和平意味着对战争的谴责。事实上,这么一种和平必定不仅在名义上不能摧毁德国的专制统治,而且只有推翻德国的专制统治才能补偿这次世界大战带来的伤害。英国的盟国也许应当发布公告,除非德国至少从比利时

第六章 华兹华斯的政治家气质对当前战争的启示

撤军,否则他们根本不会考虑德国提出的任何和平提议。

所有关于和约的谈判以及关于划分势力范围的规划在当前都是不合时宜的。这些谈判与规划不仅是徒劳的,更是有害的。它们有可能产生不可估量的危害;它们会使人们忽视了眼前的真正义务。此时此刻英格兰及其盟友们的使命不是为了创造一个新的、更美好的世界而制定各种政策,他们的使命是预防并惩罚犯罪。如果这些罪行没有受到惩罚,它们有可能使艰难赢得的欧洲文明重新陷于野蛮。在此我们必须遵循华兹华斯的教诲和榜样。他并不是在梦想某个道德的千禧年,他也没有制订永久和平的狂妄计划,他并非一个反战主义者(pacificist)。

> 如果一个民族对其他国家施加的武力伤害忍气吞声,那么这个民族就犯下了严重的错误,她永远也不会知道,没有任何一个民族不是通过军事上的实力以及勤勉培育的军事美德而获得独立、自由和安全的,更不要说伟大了(不论是何种意义上的伟大)。①

华兹华斯的政治家气质正如在他的诗歌技艺中一样,他总是着眼于事实。他常年不断地在诗歌中同时也在文论中劝诫人们,在当时英格兰的一项义务就是要将世界从拿破仑的专制统治中解放出来。现在他虽然去世了,但他的话还活着。他告诉我们,我们现在的任务是要将世界从德皇更加残酷、危险得多的专制统治中解放。

---

① 1816年1月18日,《感恩节颂歌》宣传语。

对于任何有着一般人道精神的人来说,无论如何都必须拒绝和平提议的建议听起来有些恐怖。但是,无论多么微不足道或者籍籍无名,作为为战争提供建议的人,其首要的职责就是如实地、尽可能直白地阐述真理。不过,对于笔者来说欣慰的是,正好有其他一些人(他们比笔者更加出名,拥有更加丰富的经验,并且比笔者更加不偏不倚)的话表达了同样的结论。我要请读者们注意我将引用的三位权威人士所说的话。首先听听法国外长是怎么说的。他的话虽然是在一年前所说的,但代表了法国人民的精神,代表了法国士兵们的精神。这些士兵们在马恩河战役中击退了向巴黎进军的德国军队。德国军队信心满满原以为可以迅速地攻占法国的首都。法国外长的话同时也代表了后来凡尔登战役中的法国士兵的精神,这场战役不是持续了几天而是持续了几个月,它迫使最精良的德国部队放弃攻占凡尔登的任何希望。

我们怀着必胜的信心,我们相信正义必胜。我们渴望欧洲得到解放,比利时获得自由。我们渴望能够收复被侵占的行省,渴望粉碎普鲁士的军国主义,因为世界的和平是与它反复无常的血腥暴力行为水火不容的。①

再看看我的朋友布赖斯勋爵的宣言。在所有健在的英格兰人中,他对世界上所有国家的政治最为了解,拥有最为丰富的政治知识。

---

① *Pall Mall Gazette*, April 13, 1915.

第六章 华兹华斯的政治家气质对当前战争的启示

他认为,如果要说这个国家以及中立世界的公共舆论在何种事情上能够取得完全的一致,那就是,那些在比利时造成了灾难,摧毁了比利时的城市,并使比利时的人民陷入水深火热之中的人必须为他们所犯下的罪行进行彻彻底底的赔偿。①

最后再听一听我的朋友哈佛大学前任校长艾略特博士的话。他的这段话是在波士顿的浸礼会牧师集会上说的。他的话是很有权威的,因为他将其一生都成功地献给了他的国家。他的话同时也是不偏不倚的(这点是任何英格兰人都无法主张的)。艾略特博士说道:

> 现在不要祈求和平。我认为,欧洲现在的和平将会是人类最深重的灾难。如果现在就宣布和平,德国就将占有比利时,并且德国侵略成性的军国主义就取得了胜利。那将意味着德国犯下滔天罪行之后取得的胜利。一个民族也是会犯罪的,例如它会不信守条约,因此契约的约束性就一去不复返了,人类的文明将倒退几个世纪。我不明白,美国人是如何能够保持中立的。这场战争威胁到了自由以及其他的美国理念。②

---

① *The Times*, April 8, 1915, p. 7.
② *The Times*, April 14, 1915.

当牧师们问及什么时候才可以祈求和平,艾略特博士说道:"当德国被赶回它自己的领土,并对比利时造成的伤害进行彻底的赔偿之后。"

这些建议值得人们深思。它们只有一个缺点。它们是我们这个时代的人们提出的建议,因此无论他们的智慧多么高深,经验如何丰富,他们都无法摆脱他所处时代的影响,所以无法避免会犯错。因此,我们可以求助于与我当前类似的那个时代的先知语言。在这点上,没有人比华兹华斯更能满足我们的要求,并且在他的充满爱国主义的十四行诗中最为鲜明地展现了他真正先知般的激情。他著名的《论辛特拉协定》确实包含了许多能够适用于今日的智慧和政治家气质——这点希望我在上文中已经论述清楚了。但是,《论辛特拉协定》部分地是关于一件转瞬即逝的事情,现在已经失去了其重要性。爱国主义的十四行诗是华兹华斯带着内心受灵感启发的完全的自信与信念写下的。它们指责英格兰人犯下的错误,它们更多地谴责了英格兰的恶行而不是英格兰的敌人的罪行,英格兰人的恶行有可能阻碍了英格兰取得战争的胜利。它们诉诸于世代相传的、历史的美德,这些美德是通过那些值得我们效仿的英雄楷模们世代传递给我们的。在华兹华斯爱国主义的劝诫中,甚至在其崇高的信念中,华兹华斯从未认为英格兰必胜是由于正义必胜。这种思路即便在最扭曲的人看来也不过是在讨好同胞的自爱之心。华兹华斯确实称赞了英格兰,那么他所称赞的并非华兹华斯当时的英格兰。从未聆听他演说的听众忘记,他们远远不及他们的祖先们为他们所确立的崇高的爱国主义标准。通过唤醒英格兰人重新认识在那个悲惨的时代容易被遗忘的两件事,他使

第六章　华兹华斯的政治家气质对当前战争的启示

英格兰人恢复了活力。其中一件事是怀有高贵希望的崇高义务，另一件是一个可怕的思想——在当前这场战争持续期间，我们谁都不能忘记这个思想，即我们没能履行我们作为公民的全部责任，并因此没能确保正义战争的胜利，这将使我们蒙羞，并玷污英格兰世代相传的荣耀，断送世代相传的自由。

> 不列颠自由的洪流，从古昔年代
> 就"波涛壮伟，势不可遏"，奔向
> 浩茫海域，博得全世界赞誉；
> 但它也常常动怒，脾气一来，
> 有益的堤坝便被它一脚踢开。
> 不能想象：这威名显赫的巨流
> 竟然会枯竭，沉入沼泽和沙洲，
> 永远消失，再不管人间好歹。
> 英武祖先的盔甲在堂上高悬；
> 我们别无选择：不自由，便死亡；
> 我们的语言是莎士比亚的语言，
> 我们和弥尔顿抱有同样的信仰；
> 世界上，我国事事比别人占先。
> 有多少尊荣徽号由我国独享。①

---

① Hutchinson, p.307.（译文采用杨德豫译诗，参见《华兹华斯诗歌精选》，杨德豫译，北岳文艺出版社 2010 年第 2 版，第 191 页。——译者）

附录　华兹华斯的《论辛特拉协定》[①]

最近几年,人们发现华兹华斯的小册子(或用他自己的话来说即"宣传手册")《论辛特拉协定》包含了许多深刻的、具有启发性的思想。这些思想对于今天的人们依然有许多指导意义,并且正如它们可以被应用于1805—1815年所谓的大战争(Great War)一样,也可以适用于1914—1915年的世界性战争。人们通常都不会再对那些过时的小册子感兴趣,而当一位睿智的作者重提起华兹华斯这部小册子时,他就不免会对自己提出以下三个问题:第一,为什么《论辛特拉协定》当时完全不受人们的欢迎?第二,华兹华斯谴责辛特拉会议的理由有哪些?第三,华兹华斯的小册子导致了哪些后果或产生了哪些影响?本篇导论的主要目的就是试图对这些问题一一进行解答。

[①]　读者尤其应当仔细阅读奥曼(Oman)的《半岛战争史》(History of the Peninsular War),第一部,第四篇,第一至六章,第206—300页;帕斯雷的"不列颠帝国的军事政策"以及华兹华斯论及帕西文章的两封信。这些都是华兹华斯为什么反对《辛特拉协定》的原因的主要组成部分。正如奥曼所解释的那样,读者最好应当了解,《辛特拉协定》只是人们对一项重要的协定的习惯性称呼;它本身和辛特拉并没有实质性的联系,只是戴尔里姆普(Dalrymple)发出的那份包含着协定最终版本的报告是从里斯本近郊的辛特拉这个地方发出的。参见 Oman, I, 274。

(附录中辑录的这篇文章为戴雪为华兹华斯1915年再版的《论辛特拉协定》所写的导言,标题为译者所加。——译者)

附录 华兹华斯的《论辛特拉协定》

为什么《论辛特拉协定》当时不受人们的欢迎？

今天的英格兰人几乎难以理解1808—1809年的历史境况。他会被特拉法加和滑铁卢的传统所蒙蔽。他会误认为，在英格兰针对拿破仑发动的大战中，英格兰一直以来都对这位法国皇帝占上风。这真是最毫无根据的一种观点。在1808—1809年，拿破仑，或者像我们的先辈们习惯上所称的波拿巴，处于其实力的巅峰时期。至少在大陆上人们都认为他是不可战胜的。他以某种专断的形式统治着欧洲大陆的大部分地区。① 确实，在1799年，西德尼·史密斯爵士曾经迫使波拿巴在阿克城（Acre）面前撤退。1801年，不列颠将军们领导下的不列颠士兵们将法国军队从埃及赶走。1805年，在特拉法加全歼了法兰西帝国的海军。1806年，约翰·斯图亚特爵士在卡拉布里亚打败了一支法国军队。但是尽管如此，欧洲大陆民众的观点常常过于低估了英格兰士兵们的战斗力。而且，许多英格兰人也会被以下的奇谈怪论蒙蔽，即尽管英格兰士兵总是能够确保在海上获得胜利，但是不列颠的士兵几乎无望在陆地上打败拿破仑领导的军队。

《亚眠和约》（1802年）是不列颠同法国长期斗争失败的标志。甚至在1811年就有谣言说，已经掌权了的辉格党人准备召回驻葡萄牙的不列颠军队，并且当时许多英格兰政治家实际上毫无疑问地坚信，在欧洲大陆，波拿巴是不可战胜的。1808年初，整个不列

---

① 1811年，人们几乎可以从罗马一直前往汉堡而无需经过任何不属于法兰西帝国的领土！

颠即便不是弥漫着的悲观绝望的心情,至少也是觉得胜利的希望渺茫。西班牙爆发的叛乱以及一支法国军团在贝伦(Bailén)向暴乱者投降(1808年7月19日)的消息使整个英格兰欢欣雀跃。任何事情似乎都是有可能的。人们认为,一个民族(people)只要不惜生命拿起武器保卫国家的独立,那么她就能够在爱国精神的激励下,战胜训练有素、装备精良的法国军队。这种信念在半岛上不胫而走。人们从极度的悲观失望转而变成过分的希望。西班牙和葡萄牙爱国志士们的宣言对于我们来说不免有些夸大其词。但是,当它们传布开,它们还是令英格兰人的内心激动不已。人们误将言辞等同于实际行动了。经验证明,浮夸高调的语言往往并不能保证军队的纪律。不过,西班牙人与葡萄牙人的豪言壮语中也有一定的实际意义:它们表明了西班牙人和葡萄牙人对占据着整个西班牙半岛的外国侵略者发自心底的深恶痛绝。波拿巴第一次不得不面对一个民族的敌意。在同法兰西漫长的战争中,不列颠的将军和士兵们第一次得到了半岛上的人民的支持。这种支持即便不是源于西班牙人或葡萄牙人的对不列颠将军与士兵的热爱,至少也是源于半岛上的人民希望(有时通过激烈的战斗,但更经常是通过对可恨的外国侵略者的残酷屠杀)将自身从法国侵略者的统治下解放出来的强烈愿望。不列颠议会中进行的辩论表明,英格兰的政府和人民都了解了当时的时局,并且在一段时间内同意应当采取一致的政策。1808年6月15日,坎宁代表内阁宣称,任何民族只要决心反对其他所有民族的共同的敌人——法兰西,她事实上就是大不列颠的盟友。代表反对党(或至少大部分反对党人)的谢里旦对坎宁的宣言表示了赞赏。他认为,是时候站起来勇敢地解放欧洲了,并且波拿巴不得不痛苦地了解到,他必须与之战斗的是一个誓死反对他的民族。① 1808 年 7 月 14 日,阿瑟·韦尔斯利爵士(Sir Arthur Wellesley,即后来的惠灵顿公爵)被任命为一支派往西班牙半岛援助西班牙和葡萄牙起义者的军队的将军,帮助他们抵抗波拿巴专政。9 月 1 日晚上,布朗上校抵达伦敦。他带来了一份 8 月 21 日由韦尔斯利发出的急件。这封急件说的是朱诺将军(法国驻葡萄牙军队总司令)的失败。急件没有提到里斯本投降的计划。然而,布朗上校口头报告说,正当他出发的时候,凯勒曼(朱诺骑兵部队的指挥官)逃到了英格兰的麾下投诚,而英格兰的军队也打算在 8 月 22 日或 23 日向里斯本进发。与韦尔斯利的急件同乘一艘船抵达的那些乘客进一步描绘了许多关于这次战役鼓舞人心的细节;并且这些细节在 9 月 2 日和 3 日之前在伦敦根本不为人所知。② 当时英格兰军队所取得的胜利实在是屈指可数,因此人们兴高采烈地欢庆这次胜利。虽然人们对急件没有提及法国军队的投降而颇感失望,但是每一个伦敦人无不都日复一日地期盼着收到法国军队正式投降成为战俘的宣告,就像法国军队在贝伦投降一样。直到 12 月 4 日才从里斯本发来进一步的正式消息。事实是,8 月 21 日正当英国军队进行比迈尔洛(Vimiero)战役时,哈利·布拉尔德(Sir Harry Burrard)来到了前

---

① 尤其参见 Oman,i. 222。议会的这场争辩具有十分重要的意义,它表明大不列颠应当将西班牙人和葡萄牙人正当地当成自己的盟友,因此人们对《辛特拉协定》的抱怨就是正当的,因为在《辛特拉协定》中,西班牙人和葡萄牙人没有被当成盟友。

② 这点之外,人们还应当记住,在 21 日,韦尔斯利自己希望能够在几天之后进入里斯本。他的这个计划只是由于哈利·布拉尔德和休·戴尔里姆普的干涉之后才被搁置。这两位将军在他们到来之后就获得了军队的最高指挥权。

线,并作为韦尔斯利的长官指挥部队。他颇为优雅地没有干涉韦尔斯利早先已经部署好的部队调动。不过当英国军队取得胜利时,韦尔斯利对布拉尔德说:"哈利长官,现在正是我们大举进发的时机,敌人已经溃不成军,我们可以在3天之内攻入里斯本城。"① 布拉尔德将军拒绝派遣部队进发,而是宣布部队原地待命,等待约翰·摩尔(John Moore)从波罗的海率部队前来汇合。8月22日,休·戴尔里姆普(Hew Dalrymple)来到部队中,并且这一次轮到他作为最高指挥官了。他不同意韦尔斯利的计划,不过就在当日,凯勒曼将军向英国最高指挥官提出法军撤出葡萄牙的建议。因此接下来发生的不是里斯本和法军的投降,而是双方举行的议和会议。议和谈判持续到8月30日,和谈以所谓的《辛特拉协定》的签署而告终。直到9月4日,休·戴尔里姆普才发出了急件。这份急件在9月15日晚上抵达伦敦。急件包含了"协定"以及协定赖以为基础的停战和约。16日急件才被公之于众,不过,就在15日夜里,伦敦塔和公园里鸣了枪,将急件视为是一个好消息。② 但是,在当时的情况下,所谓的好消息带来的并不是欣喜而是深深的失望与义愤。协定的条款根本没有满足民众的预期。法国军队根本没有投降③;虽然协定规定了法国军队全部撤出葡萄牙,④但是协定同时还规定,法国的军队要由英格兰的军舰送往法国的一个

---

① 参见 Oman, i. 260。
② 华兹华斯尤其着重地论述了这点。
③ 参见《辛特拉协定》第一至十条。
④ 参见《辛特拉协定》第二条。

港口。① 协定并未规定将法军送往法国哪个港口,因此,法军可以抵达法国后继续与英格兰或者英格兰的盟友战斗。② 协定包含着重大的错误。协定文件的签署没有获得葡萄牙政府的同意,而文件中的若干条款事实上影响了葡萄牙政府的利益与荣誉。在协定第十六条和第十七条中,戴尔里姆普授予居住在葡萄牙的法国平民和为朱诺将军服务的许多葡萄牙臣民许多恩惠,而实质上他是没有权力这么做的。第十六条允许居住在葡萄牙的法国人继续留在葡萄牙,如果他们不愿意选择随同朱诺将军和他的军队一同回法国。第十七条甚至更加令人反感。有许多葡萄牙军官曾经默认法国的侵略统治,并成为法国政府的得力助手。葡萄牙人对这些"葡奸"深恶痛绝。准许这些"葡奸"离开葡萄牙王国,这是合情合理也是人道的,但是一位英国将军给予这些人特殊保护,担保他们的人身与财产不受侵害,这就多少有些不合常理了。更加令人不可思议的是,协定第十七条赦免了在法军占领葡萄牙期间"葡奸"们所进行的政治活动。而通过协定第十八条,英国将军甚至要求西班牙人释放被他们扣押的一些法国人;这些人不是战俘,而是在5月29日的事变中被捕的。英国将军根本没有权力代表西班牙或者西班牙的起义者这么做。并且,可以肯定的是,协定导致的后果之一就是,许多法国军官试图并且也确实将许多战利品从葡萄牙带走。③ 当公众了解了协定的内容和性质之后,协定自然而然

---

① 参见《辛特拉协定》第三条。
② 参见《辛特拉协定》第二条。
③ 尤其参见 Oman, i. 279-282。

招致了更多的指责而不是赞扬。人们要求对协定进行调查。并且为此任命了一个委员会调查所有三位将军的行为。他们每个人在不同程度上都必须为战争行为负责,并且必须为协定负责。① 公众不满的根本原因在于,当军队由韦尔斯利指挥时,英国军队取得了罗力卡(Rolica)和比迈尔洛的胜利,而当布拉尔德和戴尔里姆普到来的时候,他们就取代了韦尔斯利的指挥官位置。他启程之时认为自己会是总指挥,但是当他在葡萄牙靠岸之后,收到一封急件说布拉尔德和戴尔里姆普正在途中,他们成为韦尔斯利的长官。他决定继续进发,不等他们的到来。结果就是,要是韦尔斯利能够继续指挥部队,比迈尔洛的胜利就完全有可能促成迅速地攻占里斯本,并迫使法军投降。不过,首先由于布拉尔德将军,之后又由戴尔里姆普进行干预之后,比迈尔洛战役胜利所取得的优势已经丧失殆尽。

委员会对协定进行调查之后做出的"判决"(如果我们可以用这个词的话)体现了或毋宁说是导致了一个不可思议的妥协——这种妥协是我们的政党政府体系的特色。调查最终发现,三位将军毫无疑问都并未犯下任何重大的军事错误。国王谴责了协定的某些条款,并且同时还谴责了休·戴尔里姆普在将协定以及休战协议递交国王方面过分的拖沓延迟。戴尔里姆普和布拉尔德此后都不得再次指挥重大的军事行动。但是下院拒绝对协定本身做出

---

① 似乎严格来说,《辛特拉协定》的责任主要在休·戴尔里姆普身上。韦尔斯利签订了停战协定,因而被人误以为也参与了《辛特拉协定》的谈判,由此,公众的舆论首先就将责任落在他的头上。参见 Dict. Nat. Biog. lx. 176。

决议。1809年1月27日,阿瑟·韦尔斯利接受了议会的谢忱,并返回葡萄牙继续担任英国驻西班牙半岛全军总司令一职。并且此后一直指挥对法作战,取得了一连串的胜利,最终于1814年胜利地开进法国,并在拿破仑被废黜后率领不列颠军队开进了巴黎。最近关于半岛战争的最博学与权威的历史学家做出的成熟的判断认为,仅从军事角度考虑的话,《辛特拉协定》无论如何都是合理的,并且完好无损地获得里斯本,获得其弹药库、堡垒要塞以及船只,这样就不仅保存下了葡萄牙首都的财富,同时还使部队免受损失。历史学家们的这些看似成熟可靠的判断遮掩了戴尔里姆普所做出的甚至更重大的军事妥协。并且,无论是英格兰的公众还是华兹华斯都并未看出将法国军队赶出葡萄牙实际上得不偿失。但是同一位历史学家同时认为,如果我们看看这份协定产生的政治(也许人们还可以添加上道德的)后果,那么我们就会发现它存在许多显然要遭受谴责的失误与错误。[①] 至少,每一位阅读华兹华斯的小册子的读者都能够充分地发现,《辛特拉协定》多么严重地侵犯了葡萄牙政府的权利,并侮辱与羞辱了我们视为盟友并加以援助的国家。华兹华斯的小册子的重要意义并不在于他对一份不受人欢迎的协定中的军事条款的批评(因为华兹华斯的这种批评通常都是毫无道理的),而在于华兹华斯以政治家般的洞见发现条约羞辱了我们要去帮助其驱逐外国独裁者的盟国,并且华兹华斯对这种愚蠢的行为进行了谴责。如果读者没能意识到这点,他就

---

① 参见 Oman,i. 274,275。

无法真正地理解华兹华斯的这本小册子。这份协定为什么会激起那么剧烈的民愤,这初看起来十分令人无法理解。事实上,一次巨大的胜利几乎被视为是一次耻辱的失败。但是我们必须注意到一些现在已经被人遗忘了的历史境况。西班牙的起义者们已经迫使一只法国军队完全投降。布朗上校以及和他同船抵达的同事们所报告的情况使伦敦居民相信,作为胜利的果实,不列颠军队必定将迫使在里斯本的法国军队彻底投降。当时显然出现了一些问题,并且首先在布拉尔德之后让戴尔里姆普取代韦尔斯利的位置的安排显然是政府犯下的最严重的错误。同时还应当注意到,当时理智的人都无法对英格兰的统治者们抱过分的期望。1805—1806年,海军大臣麦尔维尔勋爵被指控在掌管海军玩忽职守并侵吞公款而受到弹劾。最后经查被宣告无罪。不过,下院中还是有许多位值得尊敬的人士(其中包括威尔伯福斯)在弹劾中投了赞成票。他们一定认为,作为英格兰一名重要的政治家并且尤其得到了皮特的信任,在担任高级官职的过程中还使自己被怀疑犯下了重大的罪行与不当行为,这些罪行如果得到证实,着实是令人丢脸的一件事。① 1808 年,约克公爵担任军队总司令。他卷入了同玛丽·安妮·克拉克的一桩丑闻中。后者利用同公爵的密切关系而收取一些军官的钱财,并答应他们帮助推荐晋升。1809 年下院成立了一个委员会调查这件事情,并进行了宣誓取证。最终证明公爵在同克拉克女士的交往过程中犯有疏忽大意的过错。下院最后调查

---

① 参见 *State Trials*, xxix. 550。

他本人并未并有任何贪污腐败行为，宣告其无罪。3月18日——华兹华斯的小册子出版的几个星期之前——约克公爵迫于道德压力被迫辞职。①

毫无疑问，伦敦的暴民们和所有的暴民一样，他们对《辛特拉协定》的评价是在未理解其条款，根本没有区分各位将军与之相关的责任的情况下做出的。但是，伦敦的群众无疑有理由怀疑其中肯定出了些问题，或者说，协定必定会遭受严重的质疑。

华兹华斯指责《辛特拉协定》的理由是什么？

华兹华斯代表了当时的普遍感受。他认为协定既是一项军事上的错误，也是一项政治或道德上的罪。我们在此无需过分关心华兹华斯对将军们实际犯下的军事错误或宣称的军事错误的攻击是否合理。华兹华斯极度地低估了无论以何种条件迫使朱诺领导下的法军撤出葡萄牙所具有的好处。他同时显然充分地意识到政府用哈利·布拉尔德和休·戴尔里姆普顶替阿瑟·韦尔斯利的职务所犯下的最大错误。华兹华斯似乎并未完全意识到政府犯下的这个错误，因为他似乎认为所有三位将军都必须同等地对引起其道德义愤的协定负责。值得考虑的问题是，是什么原因导致了华兹华斯的道德义愤。其中的原因可以用两句话加以总结。其一是华兹华斯是英格兰最早的民族主义者；②《辛特拉协定》破坏了民

---

① 1811年，经过一致同意，他又恢复了三军最高指挥官一职。参见 Dict. Nat. Biog. xx. 234, 235。

② 参见"Wordsworth and the War", *Nineteenth Century*, No. 459, May 1915, p. 1041, 尤其参见 pp. 1052-1057。

族主义的原则,同时更触动了民族主义的情感。① 不过这么简短的回答既无法向读者们传递任何有价值的信息,对于华兹华斯的天才也是不公平的。因此,我希望进一步阐述这个回答,以使今日的英格兰人都能更加充分地理解它,并向读者们展现华兹华斯真正的政治家气质——他的这种政治家气质不仅关涉英格兰对待西班牙半岛上积极抵抗拿破仑专制暴政的居民的态度,同时还关涉英格兰对待所有其他外国居民的态度。

让我们首先搞清楚,并且尽可能以华兹华斯自己的话来阐述清楚华兹华斯在何种程度上预见到了民族主义的观念。民族主义的这些观念尤其与马志尼和加富尔的名字紧密相连,并且在很大程度上大约从1830年起直到19世纪末都一直被英格兰的自由党人所采纳。仔细阅读过华兹华斯的著作②的人就会发现,华兹华斯坚持并教导了以下一些观点:

首先,对于已经拥有民族独立的欧洲国家而言,民族的独立是国家最重要的福祉(例如自由)以及文明进步的必要条件与源泉。

因此根据华兹华斯的观点,民族独立是保证公民自由的必备条件。

内生的压迫与外来的压迫(例如外国侵略者施加的

---

① 据我所知,在1808年,无论是对于华兹华斯还是对于通常意义上有教养的英格兰人来说,"民族主义"这个词一般都只意味着如下的信念或理论,即每一个文明的欧洲国家都应当由"那些自认为或希望成为一个民族"的公民组成。对比《牛津英语词典》的"民族主义"词条。

② 这点应当与华兹华斯论及帕西著作的两封信一同加以理解。

压迫)之间的差别是根本的;因为,在前一种情况下,人民的心中还存在着自我统治的情感;内生的压迫并不会(像耐心地施加的外来压迫一样)要求人民放弃理性所要求的首要义务……

如果一个国家带上的是自己以美德的名义铸造的枷锁,它应当知道,这种枷锁是其应承受的责任;不应当用超越其自身限度的标准来苛求她;而如果从人性的角度出发,她是受到自我压迫的,那么她也应当还有自身的希望与骄傲。在一块贫瘠的土地上耕耘的最穷困潦倒的农民也能感受到这种骄傲。我不想提不列颠或瑞士的例子,因为一个是自由的,而另一个最近也获得了自由(并且我相信她将长久保持自由)。我只想谈谈瑞典。你会发现瑞典农民在这些情感中所体验到的快乐。在他身上,动物般的勇敢(它是其他许多美德的替代品,同时也是所有男子气概的朋友)有生长的空间,并且立刻通过他的想象力得到提升,并被他的情感软化。它是生机勃勃的,因为整个国家的勇气都在他的胸中。

西班牙高涨的精神就是为了追求民族的独立。依靠着这股精神,"一个决心获得自由的庞大民族无视最强大的侵略者的反对,实现了自身的自由"。在西班牙的事例中,我们看到民族独立同其他政治福祉之间的内在联系。

西班牙首先要实现的目的就是驱逐外敌;其次是永

久的独立;第三是一个自由的宪政政府;只有驱逐了外敌,其他两项目标才能获得其主要(尽管并非唯一)的价值;而如果没有驱逐外敌,则几乎连形式上的独立也许都很难得以确保。

任何形式的社会进步,甚至物质上的繁荣都依赖于民族独立,或至少必须依赖于民族独立得以保持的精神。并且从长远来看,自由连同独立能够一同终结那些压迫人民、阻碍人类进步的法律与习俗。在华兹华斯看来,民族的独立(人们可以设想)如果同个人自由相结合,它们就能够逐渐地根除迷信本身。他依然记得,从一开始支持半岛居民斗争的英格兰人就因为听说了存在于半岛居民中的迷信行为而深受打击。华兹华斯以诗人的气质与强烈信念反驳了人们的此类疑虑,要求人们相信自由与独立的良好影响。华兹华斯的观念超越了今日的道德信念,并且与19世纪后期的经验并不能完全吻合。不过,它们依然包含了值得人们注意的一项观念。

你们的沮丧是多么短视!无论西班牙人的宗教信念或祈祷行为中混合着多少的迷信成分,它都必须通过胜利的力量加以改造。人们一旦感受到了这股力量(它产生于剧烈的精神痛苦之中),从那一刻起,它就会同热切的希望联系在一起。盲目的锁链迷惑住了人们的心灵,我们必须将之转化成保卫国家的盔甲,转化成使人丧胆的武器。自由的气息传播到哪里,净化就会随之而来。并且,只要能够使他们不再叩拜,古代错误的信仰仪式就一定会转变成充满想象力的语言和仪式;祈祷、祝圣、鼓舞,这些都是理性最纯粹的衍生物,是自然宇宙中最为圣洁的情感!

其次,每一个独立的民族包括英格兰都应当有志于保卫其他每一个民族的独立。

对于时事,华兹华斯认为,我们的

> 将军与大臣应当能够认识到,不列颠真正的利益能够由于其他民族的独立、自由与荣耀而获得最好的增进;并且唯有通过扩散与传播这些美德,法国的专制统治才能最终得以战胜,使法国对于其他欧洲国家的影响被限制在其自然而合理的范围之内。我们的将军与大臣们的政策应当建立在这种合理的认识之上。

华兹华斯的观点总是尽可能地合理而现实,而不教条与抽象。他写下上面这些话时,关注的是在打败法国的专制统治过程中不列颠、西班牙和葡萄牙的直接利益。但是,他提出的现实性的政策也有意地、不可避免地同他对民族主义的强烈信念联系在一起。这点也同样是不争的事实。因此,华兹华斯就提出了一项更加深刻的思想。与华兹华斯同时代的那些政治家与杰出的思想家们都赞同他的远见卓识。而后来,华兹华斯的这个思想被所有的民族主义者接受了。他真挚地希望意大利和德意志都能获得民族统一。他认为:"如果土生土长的意大利人和德意志人(他们各自都有相应的义务)各自都能够打破使他们四分五裂的藩篱,并且各自统一成一个强大的民族,那真是欧洲之大幸。

要是那些将一个民族(意大利)划分成那不勒斯人、托斯卡纳人、威尼斯人等等,将另一个民族(德意志)划分成普鲁士人、汉诺威人等等的藩篱能够被打破,他们都能团结自己的力量,那么法国人就会被马上赶回他们自己的土地。我希望看到西班牙、意大利、法国和德意志都形成独立的国家。我希望法国的实力被打败的程度不会超过为实现这一目标而应有的限度。

第三,任何国家都不得拥有过于强大的军事实力,以至于威胁到其他国家合法的独立。

在这点上,华兹华斯的话是意味深长的,并且在1917年来看,似乎还是先知般的预言:

如果有一个国家,它的军事实力已经强大到其他国家无法抵抗的程度,那真是一件悲哀的事情!如果大不列颠出现了这种情况,那么我会像对其他国家一样毫不吝惜地谴责它。……如果一个民族不再有敌人或不再害怕任何对手,它也难逃内部的腐化与堕落。天下无敌与绝对的安全很快就会使这个国家抛弃它民事与军事上的纪律,而它的胜利正是由于这些纪律而获得的。如果有一天不列颠这个海岛在大陆上也像它此刻(1811年)在海洋上一样不再有任何敌手,那一切曾经保证我们获得利益与伟大的条件很快都会消失得无影无踪。

第四,人们应当向往建立一种新的均势。

新的均势的实质内容存在于西班牙的语言、名字和领土中,同样也存在于法国、意大利、德国、俄罗斯和不列颠的语言、名字和领土中。更小的国家应当消失,而融入到更大的民族与使用更加广泛的语言中。这种重塑欧洲的可能性,我能清楚地看到;同样我也真心诚意地为之祈祷。

这里华兹华斯显然已经远远超越了他那个时代的政治家们。同时,他也超越了许多后来的民族主义者——这点听起来有些奇怪。惠灵顿、卡斯尔雷、梅特涅以及主导维也纳会议的其他领导人们都支持均势。但是,他们无论如何都不会同情如下这种观点,即每一个独立的国家都应当由那些自认为或渴望成为一个民族的人们组成。因此,维也纳会议致力于建立的均势和民族性没有任何关系。他们努力要实现的均势目标是通过给予少数国家统治者大致平等的权力的方式建立的。因此,他们防止产生一个无可匹敌的国家。民族主义者们很快就发现,这种形式的均势和他们的希望背道而驰。他们希望能够将欧洲划分成各个国家,其中每一个都代表着一个民族。因此,他们嘲弄讽刺欧洲均势的理念。华兹华斯意识到,这敌对双方的观点中都包含着部分的真理。他所构想的均势能够保证单独每一个民族的独立。此外，在预见到民族主义者的信念的主要信条的同时，华兹华斯还对这些信条加以限制。这些限制如果得到人们的遵守，就有可能纠正或避免后来那些民族主义先知们所犯下的错误。在出版《论辛特拉协定》一书的时候，他就已经完全不再被如下这种幻想所欺骗，即民族独立必然同某种宪政形式联系在一起。在他看来，君主制显然也能像共和制一样创造、保存或复兴民族的独立。要是他活到1859—1860年，他一定会赞同加富尔的君主制政策，而不会赞同马志尼教条的共和主义理论。然而，我们也可以设想，他一定会更加同情加里波第——他首先保卫了罗马共和国，之后在其生涯的巅峰时期，为了增强一个统一的意大利的国王的权威而解放了西西里和那不勒斯。再者，华兹华斯明确地意识到，诸如苏格兰和英格兰这样的民族，她们虽然各自都受到自己独立的民族性（她们的民族性是在她们各自引以为豪的历史进程中形成的）的鼓舞，但是，为了形成更加强大有力的不列颠民族，她们明智而正当地牺牲了各自民族性中的一些东西。在华兹华斯看来，如果同意能够极大地增加民族独立的安全，那么人们是值得牺牲一些民族情感来获得统一的。比起创生新民族来说，华兹华斯自己更加关注维持或复兴既有民族的独立性。这点无疑是华兹华斯的大智慧。曾经有一位最杰出的人士从华兹华斯那儿获得了很多教义，他的话即便不能完全但在很大程度上代表了华兹华斯的态度：

> 我一点也不赞同科苏特关于我们对"各个民族"应尽的义务的观点。如果它们名副其实，确实是国家而不是

民族,它们就应当自力更生。就我从历史中所了解到的经验,我们绝不应当为了它们而发动一场十字军战争;我们所要做的是抵御西班牙、法国和俄罗斯的势力,防止它们打破国家边界,建立普世帝国。无论我们怎么做,对此我们都别无选择。我们不得不这么做,哪怕我们百般不情愿。这是上帝指派给我们的使命,我们都渴望坐着他施之船(ship of Tarshish)逃离,并照管我们的商业利益。①

一旦理解了1808年华兹华斯思想中所呈现的民族主义,那么我们就可以从一个新颖的视角来重新审视华兹华斯谴责《辛特拉协定》时的道德义愤了。并且,就该协定的政治条款而言,华兹华斯的这种义愤也是完全合情合理的。对于华兹华斯来说,强大的国家例如英格兰无论如何都有义务帮助那些更弱小的国家保持独立;英格兰曾经犯下过深重的罪孽,她曾经无情地发动过一场战争镇压十三个殖民地的独立,同时还发动了另外一场战争阻止法国决定自身合适的政府形式——而这是每一个独立民族基本的道德权利。波拿巴残酷的专制统治呼唤英格兰要义无反顾地承担起自身的责任。在华兹华斯看来,英格兰有义务发动一场神圣的战争(holy war),将独立的国家从压迫者的压迫中解放出来。在半岛上的居民起义反对压迫之时,英格兰人民所制定的政策不仅是他们自身国家利益的要求,同时更是她所承担的义务使然。我们的

---

① *Life of F. D. Maurice*,ii. 251.

议会宣布,每一个奋起反抗波拿巴专政的民族都是英格兰的盟友。西班牙和葡萄牙的起义者们都依赖着英格兰的这项保证。不列颠的军队在惠灵顿的智慧下被派往了西班牙半岛,以实现英格兰的保证。不列颠的正义之师蒙上帝之恩获得了胜利。《辛特拉协定》是英国军队胜利的果实。然而,虽然这份协定将侵略者赶出了葡萄牙,但是,它却严重地损害了对葡萄牙和西班牙的独立的尊重。而在华兹华斯眼里,葡萄牙和西班牙的独立正是使得英国军队在西班牙半岛上的战争成其为神圣战争的理由之一。胜利的时刻本应是我们"恪尽职守,向我们的盟友——这些不幸的民族——展现我们对他们的尊重与友善态度"的时刻。① 但是在华兹华斯看来,在战争胜利的时刻,英格兰的将军们对待葡萄牙与西班牙的主权的态度根本就谈不上是将他们作为平等的盟友的态度,甚至是粗鲁无礼的态度。② 协定中以不同形式体现着的这种无礼的态度就是华兹华斯谴责《辛特拉协定》的根本原因。华兹华斯对协定的指责是无可争议的。虽然华兹华斯对协定中的军事条款的责难基本上都是不能成立的,但是这并不影响他对协定中犯下的其他错误的指责。华兹华斯对协定的控诉事实上得到了国王的支持。国王批评休·戴尔里普姆(无疑是在大臣们的建议下做出的):"国王陛下不同意(协定中的)这些条款,它们直接地违反了西班牙和葡萄牙民族的利益与情感。"③ 虽然华兹华斯对韦尔斯利的指责并不公正,但是这个不争的事实丝毫不能减损华兹华斯对协定本身的指

---

① 参见下文第 74 页。
② 有关《辛特拉协定》中伤害我们盟友的条款,参见第十五至十八条。
③ *Annual Register*, 1808, Appendix to *Chronicle*, p. 282.

责的严肃性，他对协定的指责显然是有充分依据的。华兹华斯的指责确实令韦尔斯利承担了本不应承担的责任。我们可以肯定的是，华兹华斯没有写下一行他认为是有失偏颇的指责文字。不过，我们也许可以大胆地设想，他本能地以为韦尔斯利比其他卓著的军官更加不了解华兹华斯的民族主义观念，或者更加无法（像华兹华斯一样）意识到英格兰保卫弱小国家独立的义务。在论述辛特拉协定的这本小册子中，人们发现了华兹华斯一个不经意的评论，即华兹华斯曾经希望指挥西班牙半岛上的英国军队的重任本应落到诸如内尔森这样杰出的人士手上。这个评论值得人们注意。无论如何，华兹华斯的民族主义足以解释他对《辛特拉协定》的道德谴责。

华兹华斯的小册子产生了哪些影响？

这本小册子对协定本身没有产生任何的影响。这本小册子出版的时候，对三位将军的正式调查已经结束，并且调查结果也已公之于众。在华兹华斯的这本著作出版之前，摩尔已经在科罗娜（Corunna）阵亡了（1809年1月16日）。而韦尔斯利在接受了议会的谢忱之后，已经恢复了对西班牙半岛上的英国军队的指挥权。然而，华兹华斯的著作产生了两项深远的影响。一项是当下的影响，另一项则是长远的影响。

当下的影响在于，它团结了联合王国中所有的各色人等，只要他们仇视波拿巴专政并且意识到英格兰不仅有义务通过对法兰西皇帝的野蛮侵略发动不会轻易平息的战争拯救自身，更有义务代表每一个遭受到法兰西帝国威胁与奴役的欧洲国家的独立。

在读了华兹华斯论著①的前一部分之后,司各特写道:"我完全赞同他的观点。哎!在这场艰苦卓绝的斗争中,我们什么都缺,唯独不缺勇气与美德。我们的敌人有技术、人类的知识、异常果敢的士兵、各种结盟运动与手段。我们只能像犬獒一样勇敢、无畏、满怀信念地战斗。"②诸如司各特、约翰·威尔逊、卡斯尔雷等托利党人都与诸如华兹华斯、柯勒律治这样的革命主义者们紧密联手。这些革命主义者们曾经反对或憎恨对法国发动的战争,它有可能会威胁到法国的独立甚至存在。因为,英格兰托利党人和革命主义者都同样同情那些敢于冒死抵抗外国侵略者的国家。在《亚眠和约》签订之前,对法战争还只是一个党的杰作,虽然这个党代表了英格兰的大多数人。而当和约名存实亡,同时也是华兹华斯的小册子出版之后,对法战争赢得了英格兰人的热烈支持。那些曾经反对过战争的辉格党人迅速地陷于分裂。战争从反对法国的战争转变成了保卫英格兰的全国性战争。这种转变在很大程度上应当归功于华兹华斯论述《论辛特拉协定》的作品。

华兹华斯著作产生的长远影响在于其中包含了民族主义的理论。这种理论正如其论著中阐释的那样,可以被适当地称为华兹华斯的政治家气质。其中所包含的原则可以用于指导19世纪剩余时期中英格兰的外交政策。19世纪英格兰的外交政策就其与华兹华斯的政治家气质相吻合的部分都取得了显著的成功,而其背离华兹华斯政治家气质的部分最终都以失败告终或最多只取得了可疑的

---

① 1808—1809年刊于《信使》(*Courier*)。
② Grosart, *Prose Works of William Wordsworth*, i. Preface, p. xiv.

成功。这个事实就充分地证明了华兹华斯的远见卓识。这是非常值得我们细致考察的。为了理解这点,我们就必须牢记,华兹华斯的民族主义是同建立一个新的均势体系紧密地联系在一起的。这个新的均势体系能够阻止任何国家侵犯另外一个国家的独立。①

英格兰对法国采取的政策与华兹华斯的政治家气质相吻合,或至少几近吻合。拿破仑的专制帝国被推翻了,并且不再有任何可能复兴的希望。依照维也纳会议上达成的条约,法国在欧洲的领土得到了保留,只发生了细微的变化,基本上就是依据法国在旧制度终结时1790年初的边界。英格兰开始毫不动摇地坚守一项原则,即绝不发动战争阻止法国采取法国人民接受的宪政体制。因此,英格兰的做法建立了一项国际法的规则或习惯,即一个独立国家的人民接受的政府应当得到所有其他独立国家的承认。华兹华斯的这种政治家气质是杰出与成功的。在滑铁卢之后的一个世纪里,它保证了英格兰和法国之间紧密与亲切的联盟。在这点上华兹华斯的政治家气质所取得的成果是毋庸置疑的。然而,有许多原因导致英格兰政府无法接受华兹华斯的民族主义。接受华兹华斯的民族主义会违反维也纳会议缔结的条约。此外,没有哪一个不列颠的政党会轻易地接受华兹华斯对民族性的充分尊重。托利党人同情西班牙人抵抗波拿巴领导的法国侵略者,但是当民族主义运动与革命或共和主义结盟时,托利党人就和民族主义者分道扬镳了。在同法国的战争期间,辉格党人除了一两位著名人士

---

① 关于这点可以进一步参阅"Wordsworth and the War", *Nineteenth Century*, No. 459, May 1915, pp. 1054-1057。尽管《十九世纪》杂志的编辑惠允我引用该文章的相关部分,但是该文中与此相关的段落的篇幅还是太长了,不适宜在这篇导论中全文引用。

之外，几乎都不太热衷于旨在建立民族独立的运动。1832年之后，他们忠实地相信，模仿最终经1832年《改革法案》完善之后的英格兰宪政体制就可以为欧洲所有国家（无论受到多么糟糕的统治）带来人们合理期待的一切政治福祉。因此，辉格党人通常都诚挚地试图将英格兰的宪制强加到欧洲其他国家的统治者和人民身上，尽管这一工作是困难的，并且通常都无法取得成功。确实，辉格党的一些领导者们，例如帕默斯顿勋爵和约翰·罗素勋爵，以他们的先见卓识，至少在意大利问题上几乎就采纳了民族主义策略。并且，他们因此支持意大利人的统一事业，同时也毋庸置疑地由此为英格兰赢得了意大利的善意与友谊。曼彻斯特学派的激进主义者们认为，自由贸易与和平从长远来看足以促进并确保欧洲所有国家的进步发展。他们采纳所谓的不干涉政策，并且将之解释为英格兰根本不应当干涉外国事务，因此这几乎意味着英格兰根本不应当有任何的外交政策。然而，如果我们回顾一下过去百年间英格兰的外交政策，我们会发现我们几乎很难认为它在整体上是成功的，并且我们也丝毫不会怀疑，英格兰外交政策的失败是由于人们未能充分地意识到华兹华斯的民族主义中所包含的智慧。英格兰的大臣们为欧洲的政府提供的建议总是只有一些道德力量的支持；并且一直到1848年及其后，他们都还在建议欧洲的政府采纳英格兰的宪政体制；他们认为在这些充满不满的国家中，采纳英格兰的宪政体制就能在政府与不满分子之间实现和解。但是，当某个大国的某个部分的居民们所渴望的既不是良好的统治也不是宪政的权利，而是民族独立时，这样的建议可能就是完全荒谬的。而道德的支持通常都会变成毫无支持，并且英国政府提出的只得到道德或公共舆论支持的建议最终不仅遭到人们的蔑视,更遭到嘲弄。因此,英格兰政府发现自己甚至无法迫使那不勒斯的邦巴在对待自己的政治对手时遵循一般的人道准则。英格兰的行动或冷漠对丹麦也没起到什么好的效果。再也不能像在更早的时期,英格兰的自由主义者们热情地支持西班牙和葡萄牙的自由事业那样,产生良好的作用。当前,几乎没有人会认为英格兰1870年所持的态度是令人满意的。"光荣孤立"已经失去了其曾经拥有的最后一点光辉;而依据"光荣孤立"政策采取的行动显然和华兹华斯的政治家气质是格格不入的。我们越是详细地考察相关事实,我们就能愈加有把握地得出结论认为,英格兰的外交政策除了恰巧同华兹华斯的政治家气质相吻合的部分之外,一般都没有取得成功。

本篇导论对这三个问题的答案进行的讨论会使读者们进一步产生至少两个疑惑。尽管它们只是次要的,但还是值得注意:

读者不可避免会问道,华兹华斯是否曾经预见到民族主义所产生的后果?在20世纪初,这些后果令许多充分承认保护独立民族的权利是一种义务与利益的思想家们困惑不已。他是否曾经预见到,有可能产生一个强大的国家,例如现在的德意志帝国,不仅其政府而且包括其居民都会将民族独立等同于使自己的国家凌驾于其他国家之上?这里我们只能比较确切地说,这位诗人的洞见要比大部分政治家和民族主义者更加深远。在他那个时代中,只有他和其他少数一些英格兰人真正了解法国的状况。他似乎已经看出波拿巴有可能找到许多效仿者,并且有可能产生一个专制的国家,"有一个人居于所有人之上,并且他公然宣称依循的原则是国家可以凭借其无与伦比的权力为所欲为"。一位思想家实际观察到的对道德上的恶的洞见是否能够在某些时候转变成先知式的洞见,这个问题每个读者都会有他自己的答案。此外,华兹华斯是否预见到了民族主义的精神有朝一日会变成一股解体性的力量,它有可能不像在意大利的例子中那样缔造民族的统一,而是会破坏统治良好的国家呢?人们也许还期望着这些国家的政治统一会逐渐培育一种真正的包容性的民族精神。关于这个问题,我们无法给出确切的答案。无论如何,正因为华兹华斯更加关心的是民族的命运而不是民族性的生长,因此他没有清晰地看到现在所有人都能意识到的危害,即自然而强烈的民族精神有可能会变成种族仇视,甚至造成种族间的血海深仇,这对于人类文明的进步是非常有害的。

最后,除了某种特殊的政治观点之外,是什么原因赋予了华兹华斯的论著独特的力量?真正了解或同情华兹华斯政治看法的读者无不会发现,华兹华斯的政治家气质以及他的政治意见所赋予英格兰人的力量的真正源泉并不在于任何政治理论,甚至不在于民族主义的信念,而是潜藏得更深。就其思想的整体而言,华兹华斯的意图主要是要在自己的政治信仰与道德信念之间构筑起联系,并且尤其要在自己的这些信念与普通民众共同的信念与情感之间构筑起联系。

> 他能从我们周遭的寻常事物中
> 洞察出一些真理——
> 这是他心中栖息的
> 宁静的眼睛的收获。

这些诗句就描述了华兹华斯自己称之为"原则"的事物。它们不仅阐明了华兹华斯道德哲学的基础，还阐明了其政治观念的基础。他同政治家们之间的争论在于，政治家们都不了解人性，或者换言之，他们没有考虑到指引着普通人的灵魂与行动的共同的情感。因此，例如他们就不了解，人们对外国侵略者正当的仇视要比他们对完美的宪制（或所谓的善好的政府）的渴望更加强烈、更加普遍得多。在这点上，华兹华斯无疑是正确的。民族情感的力量就是民族主义运动的力量，并且同时也暗示了19世纪将近一半的历史冲突的线索。此外，华兹华斯成功地使自身与人类本性最淳朴、最强烈的情感协调一致，这不仅使华兹华斯《论辛特拉协定》中的语句在1915年也依然像在1809年一样真实有力、意义深远。举个例子来说，当华兹华斯提醒我们，我们都知道他想要说什么：

> 当邪恶不受限制，只是一味地扩张其权力，并且就像吞噬一切的大火一样急不可耐地向前时，唯一有效并适当的反抗就是一种无所畏惧的美德；除了国家的权利之外，不惜其他一切代价，并且这种美德是从她精神的热情中涌现出来的。在这点上，基督对每个人的劝诫也应当成为每个民族的座右铭："所以你们要完全，像你们的天父完全一样。"[①]

[①] 《新约·马太福音》5:48，译文采用和合译本。——译者

图书在版编目(CIP)数据

论华兹华斯的政治家气质/(英)戴雪著;戴鹏飞译.—北京:商务印书馆,2020
(政治哲学名著译丛)
ISBN 978-7-100-18800-5

Ⅰ.①论… Ⅱ.①戴…②戴… Ⅲ.①华兹华斯(Wordsworth, William 1770-1850)—政治哲学—哲学思想—研究 Ⅳ.①B561.49

中国版本图书馆 CIP 数据核字(2010)第 131180 号

权利保留,侵权必究。

政治哲学名著译丛
论华兹华斯的政治家气质
〔英〕戴雪 著
戴鹏飞 译

商 务 印 书 馆 出 版
(北京王府井大街36号 邮政编码100710)
商 务 印 书 馆 发 行
北京艺辉伊航图文有限公司印刷
ISBN 978-7-100-18800-5